AF291035

STORA KRYPTOGUIDEN

Allt om Bitcoin och blockkedjeteknik

Av Pierre Hammar

Förlag: BoD – Books on Demand, Stockholm, Sverige

Tryck: BoD – Books on Demand, Norderstedt, Tyskland

ISBN: 978-91-8027-741-9

Förord

Det är med stor entusiasm och glädje jag presenterar denna bok om kryptovalutor och blockkedjeteknik. Vi befinner oss i en tid av omvälvande förändringar inom det traditionella valutasystemet. Ny teknik och nya spelregler kommer att forma framtiden. Många etablerade institutioner förväntas anpassa sig eller avveckla sin verksamhet inom de kommande 5-10 åren eller ännu tidigare. Inom kryptovärlden kan transaktioner endast ta några minuter mellan parter oavsett var i världen de befinner sig, med transaktionskostnader som endast utgör en bråkdel av vad traditionella banker tar ut idag, det är bara ett av alla användingsområden.

Denna bok innehåller en omfattande samling av värdefulla tips, guider samt en ordlista med över 250 termer på engelska. Du kommer att få en förståelse för hur kryptovalutor skapas, hur blockkedjor fungerar och hur en kryptoplånbok används. Dessutom kommer du att få insikt om de vanligaste fallgroparna och bedrägerierna att undvika. Jag ger också råd om hur du kan dra nytta av kryptovalutor och tjäna pengar redan idag.

Boken är lämplig för både ung och gammal och fungerar utmärkt som en uppslagsbok för kryptovalutor. Jag är övertygad om att du kommer att finna denna bok både informativ och inspirerande. Oavsett hur mycket du vet sedan tidigare finns det alltid något nytt du kan lära dig.

Pierre Hammar 2023

Innehållsförteckning

Ansvarsfriskrivning / Information

INGA INVESTERINGSRÅD

Innehållet i denna bok, "Stora kryptoguiden", tillhandahålls endast i informationssyfte. Du bör inte tolka sådan information eller annat material som juridisk, skattemässig, investeringsmässig, finansiell eller annan professionell rådgivning. Inget som framförs i denna bok eller på vår webbplats utgör en uppmaning, rekommendation, godkännande eller erbjudande från oss eller någon tredjepartsleverantör att köpa eller sälja några värdepapper eller andra finansiella instrument i denna eller någon annan jurisdiktion där sådana aktiviteter skulle vara olagliga enligt tillämplig lagstiftning.

Allt innehåll i denna bok utgör allmän information och tar inte hänsyn till någon enskild individs eller enhets specifika omständigheter. Ingenting i boken utgör professionell eller finansiell rådgivning, och ingen information i boken utgör en fullständig redogörelse för de ämnen som diskuteras eller gällande lagstiftning. Vi tar inget ansvar för någon persons användning av eller tillgång till innehållet i boken. Du är själv ansvarig för att utvärdera riskerna som är förknippade med användningen av information eller annat innehåll i denna bok innan du fattar några beslut baserade på sådan information eller annat innehåll.

Genom att ladda ner boken gratis eller köpa den samtycker du till att inte hålla författaren, förlaget eller någon tredje part ansvarig för eventuella skadeståndskrav som uppstår till följd av beslut du fattar baserat på information eller annat innehåll som görs tillgängligt för dig via denna bok.

INVESTERINGSRISKER

Det finns alltid risker förknippade med investeringar i kryptovalutor och värdepapper. Investeringar i kryptovalutor, aktier, obligationer, börshandlade fonder, aktiefonder och penningmarknadsfonder innebär en risk för förlust. Vissa högriskinvesteringar kan använda hävstångseffekt, vilket kan leda till förstärkta vinster och förluster. Utländska investeringar innebär särskilda risker, inklusive ökad volatilitet samt politiska, ekonomiska och valutamässiga risker samt skillnader i redovisningsmetoder. Tidigare resultat för värdepapper eller företag är inte en garanti eller förutsägelse om framtida resultat för investeringar.

LÄNKAR TILL TREDJEPARTS WEBBPLATSER

För din bekvämlighet kan vi tillhandahålla hyperlänkar till webbplatser som drivs av tredje part. Eftersom vi inte har kontroll över sådana webbplatser eller deras innehåll tar vi inget ansvar för tillgängligheten av sådana externa webbplatser eller deras innehåll. Vi stöder inte heller sådana webbplatser eller deras innehåll, inklusive reklam, produkter eller annat material som finns tillgängligt på eller via dessa webbplatser. Andra webbplatser kan innehålla länkar till vår webbplats eller innehållet med eller utan vårt medgivande. Vi stöder inte sådana webbplatser och tar inget ansvar för länkar från sådana webbplatser till vår webbplats eller innehåll, eller för innehåll, reklam, produkter eller annat material som finns tillgängligt på eller via sådana webbplatser. Vi förbehåller oss rätten att blockera länkar till vår webbplats och innehåll utan föregående meddelande. Din användning av tredjeparts webbplatser och deras innehåll, inklusive användning av information, data, reklam, produkter eller annat material på eller via sådana webbplatser, sker på egen risk och omfattas av deras användarvillkor.

Kapitel 1: Grunderna i blockkedjeteknik

Blockkedjeteknik är en form av distribuerad databas som erbjuder säkerhet, transparens och oåterkallelighet. Det kan liknas vid en räkenskapsbok där alla transaktioner registreras i kronologisk ordning och inte kan ändras eller raderas. En unik egenskap hos blockkedjor är att alla deltagare i nätverket kan kontrollera och validera tidigare transaktioner när som helst. Godkända transaktioner lagras i en linjär och odelbar lista, känd som blockkedja. Detta gör det möjligt för deltagare att ha tillit till transaktionernas integritet och förhindrar manipulation av data i systemet.

Här är några grundläggande principer i blockkedjeteknik:

Distribuerad databas: En blockkedja är en distribuerad databas som är gemensamt ägd och underhållen av ett nätverk av datorer, kallade "noder". Varje nod innehåller en kopia av hela blockkedjan, vilket gör det svårt för en angripare att manipulera eller stjäla data.

Kryptografiskt säkerhet: Blockkedjan använder kryptografiska algoritmer för att skydda data mot obehörig åtkomst och manipulation. Varje transaktion som sker på blockkedjan måste godkännas med hjälp av en digital signatur, som bevisar att transaktionen är legitim och kommer från en giltig avsändare.

Oåterkalleliga transaktioner: När en transaktion har verifierats och lagts till på blockkedjan, kan den inte ändras eller raderas. Detta gör det möjligt för blockkedjan att spåra transaktioner och säkerställa integriteten för data.

Konsensusmekanismer: För att lägga till ett nytt block till blockkedjan måste nätverket komma överens om att blocket är legitimt. Detta uppnås genom konsensusmekanismer, som bestämmer vilken nod som får lägga till det nya blocket. De vanligaste konsensusmekanismerna är Proof of Work (PoW) och Proof of Stake (PoS). När ett block är godkänt utgår en ersättning till den som skapade blocket. Med konsensus menas att en majoritet av nätverket måste vara överens om att transaktionen är korrekt.Hur många procent som behövs beror på hur nätverksreglerna är utformade. Ibland räcker det med 51% i andra nätverk kan det behövas fler procent för att räknas som majoritet.

Smarta kontrakt: Smarta kontrakt är en banbrytande teknologi inom blockchain och kryptovalutor som möjliggör självutförande och självgående kontrakt. Ett smart kontrakt är i grunden ett datorprogram som körs på en blockchain-plattform och automatiserar och genomför avtal mellan parter utan behov av en mellanman.

Traditionella kontrakt är vanligtvis pappersbaserade och kräver en tredje part, som en advokat eller domstol, för att verifiera och genomföra avtalet. Med smarta kontrakt blir denna intermediär överflödig eftersom de själva verkställer villkoren i kontraktet genom att följa förprogrammerade regler.

Smarta kontrakt kan användas för en mängd olika ändamål, inklusive finansiella transaktioner, fastighetsköp, försäkringsanspråk, digitala rättigheter och mycket mer. De erbjuder flera fördelar, såsom minskade kostnader, snabbare och mer tillförlitliga transaktioner samt ökad säkerhet genom att eliminera risken för mänskliga fel och bedrägerier.

Kapitel 2: Delning av en blockkedja

Ibland blir det så att man behöver göra en delning av en valuta, eller dela upp nuvarande kedja, och sedan göra en del förändringar i koden. Detta fenomen kallas delning, eller "forking" på engelska.

Delning (Engelska: Forking): I kryptovärlden refererar "fork" (gaffel) till en splittring i kodbasen för en kryptovaluta. En fork sker när en grupp av utvecklare bestämmer sig för att göra ändringar i den befintliga koden och skapa en ny version av kryptovalutan.

Mjuk delning (Engelska: Soft fork) är en förändring i koden som gör att den nya versionen är bakåtkompatibel med den gamla versionen. Det betyder att alla som använder den gamla versionen fortfarande kan interagera med användare av den nya versionen och transaktioner mellan de två versionerna är fortfarande möjliga. Mjuk delning används ofta för att införa nya funktioner i kryptovalutor utan att störa det befintliga nätverket eller orsaka en splittring.

Hård delning (Engelska: Hard fork) sker när ändringarna i koden är så omfattande att den nya versionen inte längre är bakåtkompatibel med den gamla versionen. Det innebär att användare av den gamla versionen inte längre kan interagera med användare av den nya versionen eller göra transaktioner mellan de två versionerna. Hård delning sker vanligtvis när det finns djupgående meningsskiljaktigheter inom kryptosamhället om hur en kryptovaluta ska utvecklas, eller när det finns en allvarlig bugg i koden som måste lösas. Hård delning leder till en splittring av nätverket och skapar två versioner av kryptovalutan.

Värdet behålls - Vid en delning av en kryptovaluta så erhåller oftast de som innehar valutan på den ursprungliga kedjan en motsvarande mängd av den nya valutan på den nya kedjan. Till exempel, om en kryptovaluta X genomgår en hård delning och skapar en ny kryptovaluta Y, så kommer alla som hade 10 enheter av X innan delningen, att efter delningen också ha 10 enheter av X och dessutom 10 enheter av Y. Detta gäller dock inte nödvändigtvis för alla delningar, utan kan variera beroende på vilken typ av delning det är och hur det är utformat. Det är också värt att notera att värdet på den nya valutan på den nya kedjan kan vara annorlunda än den ursprungliga valutan och kan påverkas av flera faktorer, inklusive efterfrågan och utbudet på marknaden och utvecklingen av tekniken bakom valutan.

Här är några exempel på kända delningar inom kryptovärlden:

- **Bitcoin Cash (BCH)** - Bitcoin Cash skapades genom en hård delning av Bitcoin (BTC) 2017. Forken skapades på grund av oenigheter om hur man skulle hantera skala upp Bitcoin-nätverket och öka antalet transaktioner som kan utföras per sekund.
- **Ethereum Classic (ETC)** - Ethereum Classic är en hård delning av Ethereum (ETH) 2016. Detta skedde efter att det upptäcktes att en hackare hade stulit miljontals dollar från en decentraliserad applikation på Ethereum-nätverket.
- **Litecoin Cash (LCC)** - Litecoin Cash är en mjuk delning av Litecoin (LTC) 2018. Forken skapades för att förbättra prestanda och hantera några av de problem som fanns på Litecoin-nätverket.
- **Bitcoin Gold (BTG)** - Bitcoin Gold är en hård delning av Bitcoin (BTC) 2017. Forken skapades för att göra gruvdrift på Bitcoin-nätverket mer decentraliserat.
- **Monero Classic (XMC)** - Monero Classic är en mjuk delning av Monero (XMR) 2018. Forken skapades för att bibehålla Moneros ursprungliga kodbas efter att Monero uppdaterade sin kod för att göra det svårare att gruva Monero med ASIC-gruvarbetare.

Kapitel 3: Allmänt om krypto

Att ge sig in i handel, köp, försäljning eller skapande av kryptovalutor är spännande. Allting är i princip nytt och marknaden utvecklas ständigt. Men det finns en mängd enkla misstag som kan leda till att alla dina pengar försvinner i ett ögonblick. Vi är vana vid att kunna vända oss till myndigheter, banker eller andra institutioner om det uppstår problem med överföringar, aktiehandel eller bankkonton. Men när det kommer till kryptovalutor är mycket av det decentraliserat och det finns ingen central auktoritet att vända sig till om något går fel. Decentraliserat innebär att det inte finns någon enhetlig myndighet eller bank som kontrollerar systemet, istället baseras det på användarnas själva deltagande.

Det är också viktigt att förstå att det kan finnas betydande skillnader mellan olika kryptovalutor. Vissa valutor har starkt etablerade företag och stora utvecklingsresurser bakom sig, medan andra kan vara skapade av enskilda personer hemma i deras vardagsrum och kanske saknar en livskraftig framtid. Innan du investerar dina hårt intjänade pengar i kryptovalutor är det därför viktigt att göra din egen efterforskning, precis som du skulle göra vid investeringar i aktier eller fonder. Det spännande med kryptovalutor är att du till och med kan skapa dina egna mynt om du vill. För närvarande finns det många människor som skapar sina egna mynt genom gruvdrift (Engelska:

mining). Eftersom det finns olika typer av kryptovalutor kan de skapas på olika sätt. Vissa skapas genom att användare använder datorer, grafikkort eller liknande för att lösa matematiska problem. Om de lyckas hitta rätt lösning kan det bli ett block som används för transaktioner och de belönas sedan för sitt arbete. Det är inte nödvändigt att leta efter block själv, istället kan man leta efter block tillsammans i en gruvpool där vinsten delas. Detta kallas "Proof of Work" (bevis på arbete).

Ett annat sätt att bli belönad är att låsa in en viss mängd mynt i en "masternode", där de används som säkerhet när transaktioner utförs. Detta kallas "Staking" eller "Proof of Stake" (andelbevis), som är en annan metod för att hantera transaktioner i blockkedjan. Det kan vara lite svårt att förstå i början, jag vet. Men jag kommer att förklara mer senare. Just nu är det viktigt att veta att det finns olika sätt att skapa nya mynt och hantera transaktioner i systemet/blockkedjan, allt för att skapa en säker miljö. Inget system är helt säkert, men man strävar ändå efter att skapa ett så säkert system som möjligt.

Några exempel på hur blockkedjor används inom olika branscher:

Finans: Blockkedjor används för att hantera och spåra finansiella transaktioner, inklusive kryptovalutor, betalningsöverföringar, handelsutveckling och försäkring. Blockkedjor används också för att utveckla nya finansiella produkter och tjänster, inklusive smarta kontrakt och decentraliserade finansiella applikationer (DeFi).

Logistik: Blockkedjor används för att spåra varor och produkter genom hela leveranskedjan, från tillverkning till leverans till kund. Blockkedjor kan hjälpa till att förbättra transparensen och effektiviteten i leveranskedjan, minska bedrägeri och förfalskningar och förbättra spårbarheten och kundupplevelsen.

Hälsa: Blockkedjor används för att hantera och spåra hälso- och sjukvårdsdata, inklusive medicinska journaler, patientinformation och läkemedel. Blockkedjor kan hjälpa till att säkerställa datasekretess och integritet, minska bedrägeri och förbättra säkerheten och effektiviteten i hälso- och sjukvårdssystemet.

Fastigheter: Blockkedjor används för att hantera fastighetsaffärer, inklusive fastighetsregistret och överföring av fastigheter. Blockkedjor kan hjälpa till att minska bedrägeri och felaktigheter i fastighetsöverföringar och förbättra effektiviteten i fastighetsmarknaden.

Musik och underhållning: Blockchain-tekniken har potential att förändra och förbättra musik- och underhållningsbranschen på flera sätt. Här är några exempel på hur blockchain kan användas inom detta område:

1. Rättighetsförvaltning och licensiering: Blockchain kan användas för att skapa transparenta och pålitliga system för rättighetsförvaltning och licensiering av musik, film, och annat underhållningsinnehåll. Genom att registrera rättigheter och licenser på en blockchain kan man skapa en omutlig och oåterkallelig historia över ägande och transaktioner, vilket minskar risken för felaktig hantering av rättigheter och säkerställer att kreatörerna får rättmätig ersättning.

2. Mikrobetalningar och direkt ersättning: Genom att använda kryptovalutor och smarta kontrakt kan blockchain underlätta direkt ersättning till kreatörer och artister utan behov av mellanhänder som tar en stor del av intäkterna. Det möjliggör också för mikrobetalningar, där användare kan betala små belopp för att konsumera eller stödja specifikt innehåll, vilket kan öka incitamenten för skapande och ge mer rättvisa intäktsdelningsmodeller.

3. Fildelning och distribution: Blockchain kan användas för att skapa decentraliserade plattformar för fildelning och distribution av musik och andra underhållningsinnehåll. Genom att använda en blockchain-baserad infrastruktur kan man skapa mer rättvisa och transparenta system där innehållsskapare och användare kan interagera direkt utan att förlita sig på centrala plattformar som tar en stor del av intäkterna.

4. Autentisering och förfalskningsbekämpning: Blockchain kan användas för att säkerställa äktheten och ursprunget för fysiska och digitala produkter inom musik- och underhållningsbranschen. Genom att använda unika identifierare och registrera dem på en blockchain kan man skapa en omutlig spårbarhet och bekräfta att en produkt är äkta och inte en förfalskning. Detta kan vara särskilt viktigt för exempelvis samlarutgåvor och autograferade objekt.

Kapitel 4: Framtiden för krypto

Framtiden för kryptovalutor är en fråga som debatteras bland experter och investerare runt om i världen. Det finns olika åsikter om var kryptovalutor är på väg och hur de kommer att utvecklas på kort och lång sikt. Här är några av de vanligaste åsikterna från experter:

Kryptovalutor är här för att stanna: Många experter tror att kryptovalutor är här för att stanna och att de kommer att fortsätta att växa och utvecklas i framtiden. En del tror till och med att kryptovalutor kan ersätta traditionella valutor och finansiella system på sikt.

Volatiliteten kommer att fortsätta: En av de största utmaningarna för kryptovalutor är deras höga volatilitet, och många experter tror att detta kommer att fortsätta under de närmaste åren. Detta beror på flera faktorer, inklusive marknadspsykologi, regleringar och tekniska utmaningar.

Ökad reglering: Många experter tror att regleringar kommer att öka i framtiden när det gäller kryptovalutor. Detta kan påverka hur kryptovalutor används och handlas, men det kan också bidra till att öka deras acceptans och legitimitet. Större antal institutionella investerare:

Många experter tror att fler institutionella investerare kommer att börja intressera sig för kryptovalutor i framtiden. Detta skulle kunna bidra till en ökad efterfrågan och stabilitet på marknaden.

Utvecklingen av nya användningsområden: Kryptovalutor och blockchain-tekniken har redan visat sig vara en banbrytande innovation som förändrar hur vi tänker på och använder pengar. Men potentialen sträcker sig långt bortom bara betalningar. Här är några områden där kryptovalutor kan användas och hur de kan utvecklas i framtiden:

1. Betalningar: Kryptovalutor har potentialen att ersätta traditionella valutor som medel för transaktioner. Genom att använda blockchain-tekniken kan betalningar göras snabbt, säkert och till låga kostnader över gränserna. Vi kan förvänta oss att fler företag och konsumenter antar kryptovalutor som ett sätt att göra direkta transaktioner utan att behöva lita på tredje part som banker eller betalningsleverantörer.

2. Smarta kontrakt: Smarta kontrakt är självutförande kontrakt som är programmerade för att automatiskt verkställa överenskomna villkor. De kan användas inom olika branscher för att säkerställa säkra och transparenta affärsavtal. I framtiden kan vi förvänta oss att smarta kontrakt används alltmer för att automatisera och effektivisera affärsprocesser, inklusive

försäkringar, fastighetsaffärer, licensiering av immateriella rättigheter och mycket mer.

3. Decentraliserade applikationer (DApps): DApps är applikationer som körs på ett distribuerat nätverk av datorer, vilket eliminerar behovet av en central server. Genom att använda blockchain-tekniken kan DApps erbjuda ökad säkerhet, integritet och användarkontroll. I framtiden kan vi förvänta oss att se fler DApps inom områden som sociala medier, röstningssystem, marknadsplatser och spel, vilket ger användarna mer kontroll över sina data och transaktioner.

4. Tokenisering av tillgångar: Blockchain-tekniken gör det möjligt att "tokenisera" och digitalisera olika tillgångar, inklusive fastigheter, konstverk, rättigheter och mycket mer. Genom att skapa digitala tillgångar på blockchain kan dessa tillgångar bli mer likvida, lättare att handla och föra över ägandeskap på ett transparent sätt. Vi kan förvänta oss att se en ökad användning av tokenisering för att skapa nya möjligheter inom investeringar, crowdfunding och ägande av tillgångar.

Kapitel 5: Vem är vem inom kryptovärlden?

Här är tjugo kända profiler i kryptovärlden som kan vara bra att känna till;

Satoshi Nakamoto - Satoshi Nakamoto är en pseudonym för personen eller personerna som skapade Bitcoin-protokollet och publicerade dess ursprungliga vitbok 2008. Identiteten av Satoshi Nakamoto är okänd, och det är inte känt om personen bakom pseudonymen är en man, kvinna eller en grupp av personer. Satoshi Nakamoto var en visionär som skapade Bitcoin-protokollet för att skapa en decentraliserad digital valuta som inte är beroende av någon central myndighet eller finansiell institution. Detta skulle möjliggöra gränsöverskridande transaktioner med minimala avgifter och utan fördröjningar. Satoshi Nakamoto försvann från den offentliga scenen 2011 och har inte visat sig sedan dess. Det finns många teorier om hans eller hennes identitet, men ingen har bekräftats. Trots att Satoshi Nakamoto inte längre är aktiv inom Bitcoin-communityn, anses han eller hon fortfarande vara en viktig figur inom kryptovalutor och blockchain-teknologi. Satoshi Nakamotos ursprungliga vision om en decentraliserad digital valuta fortsätter att driva utvecklingen av kryptovalutor och blockchain-teknologi idag.

Vitalik Buterin - Rysk-kanadensisk programmerare och entreprenör, som är mest känd som medgrundare och skapare av Ethereum - en av de mest använda och välkända kryptovalutorna och blockchain-plattformarna. Buterin föddes 1994 i Kolomna, Ryssland och flyttade senare till Kanada med sin familj. Han visade tidigt en talang för programmering och fick internationell uppmärksamhet när han var tonåring för att skriva artiklar om Bitcoin och blockchain-teknologi. I slutet av 2013, vid en ålder av 19 år, började Buterin arbeta på Ethereum-projektet, som är en blockchain-plattform som tillåter användare att skapa smarta kontrakt och decentraliserade applikationer. Ethereum har blivit en av de mest använda plattformarna för utveckling av decentraliserade applikationer och har gett upphov till en mängd nya kryptovalutor och blockchain-projekt. Buterin har också varit en aktiv röst i kryptovaluta-communityn, och har delat med sig av sina tankar och åsikter genom sociala medier och offentliga framträdanden. Han har varit en förespråkare för decentralisering och öppenhet inom blockchain-ekosystemet och har arbetat för att göra Ethereum-plattformen mer användarvänlig och skalbar. Buterins prestationer har blivit erkända genom flera utmärkelser, inklusive Forbes "30 under 30" i teknik 2018. Han har också grundat olika organisationer, inklusive Ethereum Foundation, en ideell organisation som stöder utvecklingen av Ethereum-plattformen.

Brian Armstrong - Amerikansk entreprenör och VD för Coinbase, en av de största kryptobörserna i världen. Armstrong är född 1983 och växte upp i San Jose, Kalifornien. Efter att ha studerat datavetenskap vid Rice University, började Armstrong sin karriär inom teknikbranschen som programvaruutvecklare. År 2012, tillsammans med medgrundaren Fred Ehrsam, startade han Coinbase, en plattform som möjliggör köp, försäljning och lagring av olika kryptovalutor. Sedan dess har Coinbase vuxit till en av de största kryptobörserna i världen med över 43 miljoner användare i mer än 100 länder. Armstrong har varit en nyckelfigur i företagets tillväxt och har spelat en viktig roll i att etablera kryptovalutor som en alltmer accepterad del av det globala finansiella ekosystemet. Armstrong har också varit en förespråkare för kryptoteknik och dess potential att förändra vår värld på olika sätt. Han har talat om behovet av att skapa mer tillgängliga och användarvänliga kryptoprodukter och tjänster, som kan hjälpa fler människor att använda kryptovalutor på ett säkert och pålitligt sätt. I likhet med många andra kryptoföretagare, har Armstrong stött på utmaningar och kritik från olika håll. Han har dock fortsatt att driva Coinbase framåt och fortsätter att vara en ledande röst inom kryptobranschen.

Changpeng Zhao - Känd som CZ, är en kinesisk-kanadensisk entreprenör och VD för Binance - en av världens största kryptobörser. Zhao föddes i Jiangsu, Kina, 1977 och växte upp i olika delar av landet innan han flyttade till Kanada som tonåring. Efter att ha studerat datavetenskap vid McGill University började Zhao sin karriär inom teknikbranschen och arbetade på flera stora företag, inklusive Bloomberg Tradebook och Fusion Systems. År 2013 började Zhao arbeta inom kryptobranschen och arbetade först på blockchain.info, en blockchain-data och plånbokstjänst. År 2017 startade Zhao Binance, en kryptobörs som har vuxit till en av de största och mest använda kryptobörserna i världen. Binance tillåter handel med ett brett utbud av kryptovalutor och har utvecklat en rad innovativa produkter och tjänster, inklusive Binance Coin (BNB), en egen kryptovaluta som används för att betala handelsavgifter på plattformen. Zhao är också en aktiv röst i kryptocommunityn och har talat om behovet av att öka tillgängligheten och användbarheten av kryptovalutor för att nå en bredare publik. Han har också betonat vikten av att öka säkerheten inom kryptobranschen för att undvika bedrägerier och stölder. Zhao har mottagit flera utmärkelser för sin roll inom kryptobranschen, inklusive Forbes "The World's Billionaires 2021" och "The Crypto Rich List 2021". Han har också varit en förespråkare för att göra kryptovalutor mer tillgängliga för allmänheten och har meddelat att han tror att kryptovalutor och blockchain-teknologi kommer att spela en viktig roll i framtiden för det globala finansiella ekosystemet.

Roger Ver - Känd som "Bitcoin Jesus", är en entreprenör och investerare inom kryptovalutor. Han är född 1979 i San Jose,

Kalifornien och är känd för sin tidiga inblandning och starka tro på Bitcoin. Ver började sin karriär inom kryptobranschen 2011, när han först upptäckte Bitcoin och började köpa och sälja kryptovalutor. Han blev snabbt en framstående förespråkare för Bitcoin och började investera i olika kryptoprojekt, inklusive BitPay och Ripple. Ver är också känd för sin filantropiska verksamhet och har donerat stora summor till olika organisationer som främjar kryptoteknik och dess användning. Han har också donerat pengar till olika välgörenhetsorganisationer, inklusive EatBCH, en organisation som tillhandahåller mat till människor i Venezuela och andra länder. Ver har varit involverad i flera kontroverser under sin tid inom kryptobranschen, inklusive en Splittring inom Bitcoin-communityn som ledde till skapandet av Bitcoin Cash (BCH), en separat kryptovaluta som Ver stödde och fortfarande stöder. Som en aktiv förespråkare för kryptovalutor och decentraliserade teknologier, har Ver talat om behovet av att öka adoptionen av kryptovalutor och omfamna dess potential för att skapa en mer rättvis och öppen värld.

Winklevoss-bröderna - Cameron och Tyler Winklevoss, är två amerikanska entreprenörer, investerare och tidiga adopterare av kryptovalutor. De är mest kända för sin tidiga investering i Bitcoin och för att ha stämt Mark Zuckerberg för stöld av deras affärsidé när de alla studerade vid Harvard University. Bröderna föddes 1981 i New York och växte upp i Greenwich, Connecticut. Efter att ha studerat ekonomi vid Harvard blev de tidiga investerare i Bitcoin och köpte den digitala valutan när priset fortfarande var lågt. År 2013 startade bröderna Gemini, en kryptobörs som nu anses vara en av de största och mest respekterade börsarna i världen. Gemini tillåter handel med ett brett utbud av kryptovalutor och är licensierad av New York State Department of Financial Services, vilket gör det till en av de första och mest strikt reglerade kryptobörserna i USA. Utöver sin verksamhet inom kryptobranschen har Winklevoss-bröderna också varit involverade i flera andra teknikrelaterade projekt och investeringar, inklusive i företag som Hukkster och SumZero. De är också kända för sin roll i utvecklingen av Facebook, som ledde till en lång rättslig tvist med Zuckerberg. Som aktiva förespråkare för kryptovalutor och blockchain-teknologi, har bröderna talat om behovet av att öka användningen och adoptionen av kryptovalutor för att skapa en mer demokratisk och rättvis ekonomi. De har också uttryckt sin tro på att kryptovalutor kommer att spela en viktig roll i framtiden för det globala finansiella ekosystemet.

Tim Draper - Amerikansk riskkapitalist och entreprenör, som är känd för sin roll i utvecklingen av Silicon Valley och för sin investering i kryptovalutor. Han är född 1958 i Kalifornien och har varit aktiv inom tech-industrin sedan 1980-talet. Draper grundade Draper Fisher Jurvetson (DFJ), en av de första riskkapitalföretagen i Silicon Valley, och var tidigare styrelseledamot för flera tech-företag, inklusive Hotmail, Skype och Tesla. Sedan 2014 har Draper varit en aktiv investerare inom kryptovalutor och blockchain-teknologi. Han är känd för sin investering i Bitcoin i en auktion arrangerad av amerikanska myndigheter, där han köpte cirka 30 000 Bitcoin till ett värde av cirka 19 miljoner dollar. Draper har också varit en stor förespråkare för kryptovalutor och har talat om dess potential att skapa en mer demokratisk och rättvis ekonomi. Han har föreslagit att kryptovalutor kan hjälpa till att lösa globala problem som inflation och begränsningar av finansiell frihet. Utöver sin verksamhet inom kryptobranschen har Draper också varit involverad i flera andra projekt och initiativ, inklusive utbildning och sociala frågor. Han har grundat Draper University, en högskola som erbjuder entreprenörskapsutbildning, och är också involverad i flera välgörenhetsorganisationer och initiativ som arbetar för att förbättra tillgången till utbildning och teknologi runt om i världen.

Elon Musk -Välkänd framträdande entreprenör och miljardär som har haft en betydande inverkan på världen av kryptovalutor. Musk har delat med sig av sina tankar och åsikter om olika kryptovalutor, inklusive Bitcoin, Dogecoin och andra, genom sina sociala mediekonton. Musk's tweets har särskilt varit kända för att orsaka betydande volatilitet i priset på kryptovalutor. Till exempel när Musk twittrade att Tesla inte längre skulle acceptera Bitcoin som betalning för sina fordon på grund av oro för den miljömässiga påverkan av Bitcoin-gruvdrift, sjönk priset på Bitcoin kraftigt. Musk har också uttryckt sitt stöd för Dogecoin, en kryptovaluta som skapades som en skämt men som sedan fick en stor följarskara. Musks tweets om Dogecoin har orsakat betydande uppgångar i dess pris, och han har till och med kallat sig själv för "Dogefather".

Elon Musk har uttryckt en positiv syn på framtiden för kryptovalutor och blockchain-teknologi. Han har sagt att han tror att kryptovalutor har potential att bli en mer decentraliserad form av valuta och att blockchain-teknologi har möjlighet att revolutionera olika branscher, inklusive finans, sjukvård och försäkringar. Musk har också sagt att han tror att kryptovalutor kan bidra till att minska beroendet av traditionella finansiella institutioner och att de kan öka den finansiella inkluderingen för människor som saknar tillgång till bankkonton.

Michael Saylor - VD för MicroStrategy, ett företag som har köpt stora mängder Bitcoin som en del av dess företagsreserv. Han har också varit en stark förespråkare för Bitcoin som en valuta och en investering.

Gavin Andresen - En av de tidiga utvecklarna av Bitcoin-kod och tidigare Bitcoin-stödjande utvecklare.

Nick Szabo - Kryptografi-pionjär och författare till flera kryptorelaterade texter, inklusive "Bit Gold", som anses vara en föregångare till Bitcoin.

Anthony Pompliano - Tidig Bitcoin-investerare som har blivit en kändis i kryptovärlden för sin podcast "The Pomp Podcast" och sin starka tro på Bitcoin som en investering.

Balaji Srinivasan - Tidigare teknikchef på Coinbase och en välkänd kryptoinvesterare och entreprenör.

Chamath Palihapitiya - En tidig Facebook-anställd som har blivit en känd investerare inom kryptovalutor och blockchain-baserade företag.

Dan Morehead - VD för Pantera Capital, ett riskkapitalbolag som specialiserat sig på kryptovalutor.

Caitlin Long - Advokat och finansiell teknologispecialist som har arbetat med flera kryptobolag och är känd för sin expertis inom reglering av kryptovalutor.

Brian Brooks - Tidigare tillförordnad ordförande för Office of the Comptroller of the Currency (OCC) under Trump-administrationen, som tog flera positiva steg för att reglera kryptovalutor under sin tid där.

Några kända svenskar inom krypto:

Ivan Liljeqvist - Ivan on Tech är en populär YouTuber och influencer inom kryptovärlden som har delat sin syn på framtiden för kryptovalutor på många olika sätt. Han har varit en aktiv förespråkare för kryptovalutor och blockchain-teknologi och tror att dessa teknologier kommer att ha stor påverkan på den globala ekonomin och samhället i stort. Enligt Ivan on Tech är kryptovalutor och blockchain-teknologi på väg att bli en del av det globala finansiella systemet. Han tror att kryptovalutor som Bitcoin och Ethereum kommer att fortsätta att öka i värde och popularitet och att de kommer att få en allt större roll som en form av digitalt guld och som en investering för både privatpersoner och institutionella investerare. Ivan on Tech tror också att blockchain-teknologi kommer att användas för att förbättra många olika branscher och sektorer, inklusive finans, sjukvård, logistik, rättvisa och mycket mer. Han tror att blockchain-teknologi kan bidra till att skapa mer effektiva, transparenta och säkra system som kan ge nytta och värde för både företag och samhället som helhet. På lång sikt tror Ivan on Tech att blockchain-teknologi och kryptovalutor kan förändra den globala ekonomin och skapa en mer jämlik och decentraliserad ekonomi. Han tror att blockchain-teknologi kan bidra till att minska beroendet av centraliserade institutioner och stärka individers och företags självbestämmande och frihet.

Carl "The moon" Runefelt - En känd person inom kryptovalutasfären och är en av grundarna av Uniswap. Carl Runefelt är en programvaruingenjör och entreprenör som är känd för sitt arbete inom decentraliserade finanser (DeFi). Uniswap är en plattform som tillåter användare att byta kryptovalutor utan att behöva en centraliserad börsmäklare. Uniswap är en av de största decentraliserade börserna för kryptovaluta och har haft en stor inverkan på utvecklingen av DeFi-ekosystemet.

Runefelt är också en aktiv investerare inom kryptovaluta och har varit involverad i flera andra framstående projekt inom DeFi-området. Han är också en förespråkare för öppenhet och decentralisering, och hans arbete har bidragit till att främja dessa principer inom kryptovaluta-gemenskapen.

Per Lind - Svensk entreprenör och investerare inom kryptobranschen. Han är medgrundare och VD för Bitrefill, ett företag som erbjuder tjänster för att köpa presentkort och mobiltelefonkredit med kryptovalutor. Bitrefill lanserades 2014 och är baserat i Stockholm, Sverige. Per Lind är också involverad i BitPay, ett av de största företagen som erbjuder betalningstjänster med bitcoin och andra kryptovalutor. BitPay grundades 2011 och är baserat i Atlanta, USA. Företaget erbjuder en mängd olika betalningstjänster, inklusive möjligheten att acceptera kryptovalutor som betalning på e-handelsplattformar och POS-system.

BitPay har också utvecklat en egen plånbok för kryptovalutor och ett Visa-kort som kan laddas med kryptovalutor och användas på över 50 miljoner handelsställen över hela världen. BitPay har fått stöd från flera välrenommerade investerare, inklusive Founders Fund, Index Ventures och Richard Branson. Per Linds arbete med Bitrefill och BitPay har bidragit till att öka antalet användare och användningsområden för kryptovalutor över hela världen. Genom att erbjuda enkel och säker betalningsteknik med kryptovalutor har Bitrefill och BitPay hjälpt till att göra kryptobranschen mer tillgänglig för både företag och privatpersoner.

Alexander Bottema - Svensk ekonom och författare som är specialiserad på kryptovalutor och blockchain-teknik. Han har skrivit flera böcker om ämnet, inklusive "Blockchain-revolutionen". Bottema har också varit en föreläsare och konsult inom kryptobranschen, där han har delat med sig av sin expertis om kryptovalutor och blockchain-teknik. Bottema har en bakgrund inom traditionell finans och har arbetat som trader på flera stora bank- och finansföretag innan han började intressera sig för kryptovalutor och blockchain-teknik. Han är känd för sitt engagemang för att främja användningen av kryptovalutor som ett alternativ till traditionella finansiella system och valutor.

Bottema har också uttryckt oro över centraliserade kryptovalutor som är kontrollerade av stora tech-företag och har argumenterat för fördelarna med decentraliserade kryptovalutor som bitcoin och ethereum. Han har också diskuterat den potentiella rollen som kryptovalutor kan spela för att stärka personlig frihet och autonomi. Som en inflytelserik röst inom kryptobranschen har Alexander Bottemas arbete hjälpt till att sprida medvetenhet om kryptovalutor och blockchain-teknik, och har inspirerat många att undersöka och engagera sig i denna spännande och innovativa bransch.

Christian Ander - Svensk entreprenör och innovatör som är känd för sitt arbete inom kryptobranschen. Han är grundaren av flera framgångsrika teknikföretag, inklusive BTCX, en av Sveriges första och största kryptobörser. Ander började experimentera med kryptovalutor redan 2012 och grundade BTCX i syfte att göra det lättare för svenskar att köpa och sälja bitcoin. BTCX har sedan dess vuxit till att bli en av de ledande kryptobörserna i Skandinavien, och har expanderat till flera andra länder, inklusive Norge och Danmark. Utöver sitt arbete med BTCX har Ander också varit en aktiv röst inom kryptobranschen och har delat med sig av sin expertis och insikter genom föreläsningar och medieintervjuer. Han har argumenterat för fördelarna med kryptovalutor och blockchain-teknik, och har betonat vikten av att bygga en säker och tillförlitlig infrastruktur för kryptobranschen.

Ander har också varit involverad i andra teknikprojekt, inklusive Smartcoins, en plattform för handel med digitala tillgångar, och Trustly, en onlinebetalningsplattform. Hans arbete har bidragit till att främja innovation och teknisk utveckling inom finansbranschen, och har gjort det lättare och mer tillgängligt för människor att använda kryptovalutor och blockchain-teknik.

Simon Josefsson - Svensk kryptograf som är känd för sitt arbete inom kryptografi och IT-säkerhet. Han är en av grundarna av Netnod, en svensk internetinfrastrukturleverantör, och har också varit verksam som konsult och forskare inom området IT-säkerhet. Josefsson har varit aktiv inom utvecklingen av flera kryptografiska standarder och protokoll, inklusive TLS (Transport Layer Security) och SSH (Secure Shell), som används för att säkra kommunikation över nätverk. Han har också bidragit till utvecklingen av GnuTLS, en öppen källkodskrypteringsbibliotek som används för att säkra kommunikation över internet. Utöver sitt arbete inom kryptografi har Josefsson också varit en förespråkare för fri programvara och öppen källkod, och har deltagit i flera projekt för att främja dessa idéer. Han har också varit aktiv inom den svenska IT-säkerhetsgemenskapen och har delat med sig av sin expertis och erfarenhet genom föreläsningar och workshops.

Josefssons arbete har bidragit till att göra kommunikation över internet mer säker och tillförlitlig, och hans insatser inom kryptografi och IT-säkerhet har gjort det möjligt för människor och organisationer att kommunicera och samarbeta online på ett säkert och privat sätt.

Joakim Holmer - Svensk entreprenör och kryptoinvesterare som är medgrundare av kryptobörsen Safello. Han har en bakgrund inom finans och teknik och har varit aktiv inom kryptobranschen sedan 2013. Holmer har varit en förespråkare för kryptoteknik och har arbetat för att öka medvetenheten om dess potential och fördelar.

David Hedqvist - Svensk entreprenör och kryptoinvesterare som är medgrundare av kryptobörsen BTCX. Han är en tidig förespråkare för kryptovalutor och har varit aktiv inom branschen sedan 2012. Hedqvist har också varit en förespråkare för ökad reglering och legalisering av kryptovalutor och har arbetat för att öka samarbetet mellan kryptobranschen och den traditionella finanssektorn.

Emil Oldenburg - Svensk kryptoinvesterare och entreprenör som var medgrundare av Bitpanda, en populär kryptobörs. Han har varit aktiv inom kryptobranschen sedan 2013 och har arbetat för att främja användningen av kryptovalutor och blockchain-teknik. Oldenburg har också varit en förespråkare för ökad säkerhet och reglering inom kryptobranschen.

Filip Martinka - Svensk kryptoinvesterare och entreprenör som är medgrundare av kryptobörsen Safello. Han har en bakgrund inom teknik och affärsutveckling och har varit aktiv inom kryptobranschen sedan 2013. Martinka har arbetat för att öka tillgängligheten och användningen av kryptovalutor och har varit en förespråkare för ökad reglering inom branschen.

Carl Bennet - Svensk företagsledare och kryptoinvesterare som har investerat i flera kryptobolag, inklusive XBT Provider och Safello. Han är en av Sveriges rikaste personer och har en bred portfölj av investeringar inom olika sektorer, inklusive finans och teknik. Bennet har varit en förespråkare för kryptovalutor och blockchain-teknik och har arbetat för att öka medvetenheten om deras potential och fördelar.

Kapitel 6: Reglering av krypto i världen

Det är viktigt att notera att regleringen av kryptovalutor varierar mellan länder, och vad som är lagligt i en del av världen kan vara förbjudet i en annan. Här är några exempel på länder som har förbjudit eller begränsat användningen av kryptovalutor. Observera att status kan ha ändrats sen boken trycktes.

Kina - Kina har varit en av de mest restriktiva länderna när det gäller kryptovalutor, och har vid flera tillfällen förbjudit kryptovalutabörser och ICO (initial coin offerings) helt. De har också vidtagit åtgärder för att begränsa användningen av kryptovalutor för betalningar och transaktioner.

Algeriet - Algeriet har förbjudit kryptovalutor helt sedan 2018, och det är olagligt att köpa, sälja eller använda kryptovalutor i landet.

Marocko - Marocko har också förbjudit användningen av kryptovalutor sedan 2018.

Nepal - Nepal har förbjudit användningen av kryptovalutor för betalningar sedan 2017.

Bangladesh - Bangladesh har också förbjudit användningen av kryptovalutor sedan 2017, och det är olagligt att köpa, sälja eller använda kryptovalutor i landet.

Det finns också länder som har begränsat användningen av kryptovalutor genom regleringar eller skatteregler, som *Indien* och *Ryssland*. Det är viktigt att vara medveten om de lagar och regler som gäller i ditt land när du överväger att köpa eller använda kryptovalutor.

Regleringen av kryptovalutor varierar från land till land, men här är några vanliga regleringar som förekommer inom kryptovärlden:

Anti-penningtvättslagar (AML) - Många länder har infört AML-lagar för att förhindra penningtvätt och finansiering av terrorism genom användningen av kryptovalutor. Dessa lagar innebär att kryptobörser och andra kryptoföretag måste identifiera sina kunder och rapportera misstänkta aktiviteter till myndigheterna.

Know Your Customer (KYC) - För att följa AML-lagstiftningen måste många kryptobörser och andra kryptoföretag också genomföra KYC-processer för att verifiera identiteten på sina kunder.

Skatteregler - Många länder har infört skatteregler för kryptovalutor, vilket innebär att användare måste rapportera sina kryptotransaktioner till skattemyndigheterna och betala skatt på eventuella vinster.

Reglering av kryptobörser - Många länder har också infört regleringar för kryptobörsar för att skydda användarna från bedrägeri och andra risker, såsom krav på licensiering, insättningsförsäkringar och säkerhetsstandarder.

Det är viktigt att notera att regleringen av kryptovalutor är fortfarande i sin linda och att lagstiftningen och reglerna kan variera mycket mellan olika länder.

Bankernas inställning - Bankernas inställning till kryptovalutor är varierande och komplex, men det finns några vanliga synpunkter som bankerna har uttryckt om kryptovalutor: Vissa banker har uttryckt oro över kryptovalutor på grund av deras volatilitet och brist på reglering, vilket gör dem osäkra investeringar.

Många banker har dock också börjat utforska möjligheterna med blockchain-teknologi, som är den teknik som ligger till grund för kryptovalutor. Banker ser möjligheter att använda blockchain för att effektivisera och förbättra sina egna system och tjänster. Vissa banker, som JP Morgan, har investerat i kryptoföretag och utvecklar själva blockchain-baserade produkter. Några banker, som SEB i Sverige, har också börjat erbjuda kryptorelaterade tjänster, såsom investeringsmöjligheter i kryptovalutor och kryptofonder. Samtidigt har vissa banker också blockerat kryptorelaterade transaktioner och stängt ner bankkonton för personer och företag som är involverade i kryptovalutor. Det är viktigt att notera att bankernas inställning till kryptovalutor varierar mycket mellan olika länder och banker, och att det är en ständigt föränderlig situation.

Mer reglering av kryptovalutor har föreslagits av olika aktörer och myndigheter, både för att skydda investerare och för att minska riskerna med kryptovalutor som används för olagliga ändamål. Här är några exempel på förslag om mer reglering av kryptovalutor:

Reglering av ICO:er - Initial coin offerings (ICO:er) har blivit ett vanligt sätt för företag att samla in pengar genom att sälja kryptovalutor till investerare. Vissa myndigheter har föreslagit striktare regleringar av ICO:er för att skydda investerare från bedrägeri och andra risker.

Internationell samordning - Eftersom kryptovalutor är en globalt fenomen, har vissa myndigheter föreslagit mer internationell samordning för att reglera kryptovalutor. Detta skulle kunna innefatta samarbete mellan olika länder för att utveckla gemensamma regler och standarder för kryptotransaktioner.

Det är svårt att ge en exakt siffra på hur många människor som använder kryptovalutor idag, eftersom det inte finns någon centraliserad myndighet som samlar in sådana data. Men det finns några uppskattningar som ger en indikation på hur många människor som använder kryptovalutor:

Enligt en rapport från Cambridge Center for Alternative Finance uppskattades antalet användare av kryptovalutor till ungefär 101 miljoner i tredje kvartalet 2020. Detta är en ökning från 35 miljoner användare i 2018. Enligt en undersökning från företaget Statista uppgav 21% av amerikanska vuxna att de äger kryptovalutor i januari 2021. En undersökning från ING Bank från 2018 visade att 9% av européer hade någon form av kryptovaluta. Det är viktigt att notera att användningen av kryptovalutor varierar mycket mellan olika regioner och länder, och att det är en ständigt föränderlig situation.

Exempel på hur kryptovalutor används:

Investering - Kryptovalutor som Bitcoin och Ethereum har blivit populära investeringsmöjligheter för människor som tror på deras framtida värdeökning. Det finns också investeringsfonder och ETF:er som är fokuserade på kryptovalutor.

Betalningar - Kryptovalutor kan användas för att göra betalningar på ett antal olika platser online och offline. Vissa företag accepterar betalningar i kryptovalutor, och det finns också kryptokort som kan användas som vanliga betalkort.

Handel - Kryptovalutor kan handlas på kryptobörser, där användare kan köpa och sälja olika kryptovalutor mot andra kryptovalutor eller fiatvalutor.

Remittering - Kryptovalutor kan användas för att skicka pengar över gränserna på ett snabbt och billigt sätt. Det finns flera kryptotjänster som är specialiserade på remittering.

Blockkedje-användning - Kryptovalutor är byggda på blockkedjeteknologi, som också kan användas för andra ändamål, till exempel för att spåra försörjningskedjor, verifiera identiteter eller för att säkra rösträtt i val.

Kapitel 7: Dagens banker och krypto

Krypto kan potentiellt ersätta dagens banker genom att erbjuda en snabbare, billigare och mer decentraliserad betalningslösning. Genom att använda kryptovalutor behöver man inte längre förlita sig på en centraliserad institution för att hantera och verifiera transaktioner, vilket kan minska kostnader och öka effektiviteten. Ett annat sätt som krypto kan ersätta dagens banker är genom decentraliserade finanssystem (DeFi) som bygger på smarta kontrakt på en blockchain. Dessa system tillåter användare att låna ut och låna kryptovalutor direkt mellan varandra utan behovet av en tredje part. Detta minskar transaktionsavgifter och kan göra finansiella tjänster mer tillgängliga för personer som tidigare inte haft tillgång till traditionella banker.

Genom decentraliserade valutor kan även ekonomier som idag inte har en stabil valuta eller tillgång till banktjänster få tillgång till en valuta som inte kontrolleras av en regering eller bank. Detta skulle kunna leda till en ökad finansiell inkludering och jämlikhet. Det är dock viktigt att notera att kryptovalutor fortfarande är i en tidig utvecklingsfas och det finns flera utmaningar som måste övervinnas innan de kan ersätta dagens banker på ett heltäckande sätt. Bland annat behöver regleringar och standarder etableras för att öka tryggheten för användarna och förtroendet för kryptovalutor. Det finns flera kryptovalutor som utmanar dagens banker, antingen genom att erbjuda alternativa betalningslösningar eller genom att möjliggöra decentraliserade finansiella tjänster.

Här är några exempel på specifika kryptovalutor som utmanar det traditionella bankväsendet på olika sätt:

Bitcoin (BTC): Bitcoin är den mest kända och mest använda kryptovalutan. Dess huvudsakliga användning är som ett alternativt betalningssätt till traditionella banker och finansiella institutioner. Bitcoin kan användas för att göra transaktioner och skicka pengar över hela världen utan behov av en mellanhand.

Ethereum (ETH): Ethereum är den näst största kryptovalutan efter Bitcoin. Dessutom är Ethereum också en plattform för att bygga decentraliserade applikationer (dApps) och smarta kontrakt. Ethereum möjliggör decentraliserade finansiella tjänster, till exempel lån, försäkringar och finansiella derivat.

Ripple (XRP): Ripple är en kryptovaluta som används av Ripple Labs för att erbjuda snabba och billiga internationella betalningar. Ripple arbetar nära med banker och finansiella institutioner för att förbättra deras betalningsinfrastruktur och minska kostnaderna för internationella överföringar.

Litecoin (LTC): Litecoin är en kryptovaluta som liknar Bitcoin men med en snabbare transaktionshastighet. Litecoin används för att göra snabba och billiga transaktioner, särskilt för mindre belopp.

Bitcoin Cash (BCH): Bitcoin Cash är en kryptovaluta som skapades genom en hård gaffel av Bitcoin. Den har en större blockstorlek än Bitcoin, vilket möjliggör fler transaktioner per sekund och lägre transaktionsavgifter. Bitcoin Cash används för snabba och billiga transaktioner, särskilt för mindre belopp.

Flera banker runt om i världen har börjat utforska möjligheterna att använda kryptovalutor parallellt med fiatvalutor.

Här är några exempel på banker som har infört eller arbetar med att införa krypto:

JPMorgan Chase: JPMorgan Chase har lanserat sin egen stabila kryptovaluta som heter JPM Coin, som används för att göra snabba och säkra transaktioner mellan institutionella kunder.

Goldman Sachs: Goldman Sachs har planer på att lansera en handelsdesk för kryptovalutor för att möjliggöra handel med bitcoin futures på räntebärande konton.

BBVA: BBVA har lanserat en handelsplattform för kryptovalutor i Schweiz, som erbjuder handel med bitcoin, ether och bitcoin cash.

ING Bank: ING Bank har lanserat en applikation som heter Wallie, som gör det möjligt för användare att köpa, sälja och förvara kryptovalutor.

Santander: Santander har lanserat en applikation som heter One Pay FX, som möjliggör för användare att skicka pengar över gränserna med hjälp av blockkedjeteknik.

Några svenska banker som har börjat utforska möjligheterna med kryptovalutor och blockkedjeteknik. Bland dessa kan nämnas SEB och Nordea, som båda har gjort investeringar inom området och har uttryckt intresse för att använda teknologin inom sina verksamheter.

Här är några svenska företag som är aktiva inom krypto

Safello är en svensk kryptobörs grundad 2013 med syftet att göra det enklare för människor att köpa, sälja och lagra kryptovalutor. Genom att erbjuda en användarvänlig plattform med snabba och säkra betalningsmetoder, såsom banköverföring och kortbetalning, gör Safello det enkelt för användare att komma igång med krypto. Safello har också ett samarbete med flera stora svenska banker för att erbjuda smidig betalning och hantering av kryptovalutor. Safello har även lanserat en mobilapp som gör det möjligt att handla kryptovalutor direkt från mobilen. Utöver kryptobörsen erbjuder Safello också konsulttjänster inom blockchain-teknologi och kryptovalutor till företag.

Bitrefill är en plattform som gör det möjligt för användare att köpa presentkort och betala för mobiltelefonabonnemang, tv-abonnemang, dataabonnemang och mycket mer med kryptovalutor. Plattformen stödjer flera olika kryptovalutor, inklusive Bitcoin, Ethereum, Litecoin, Dogecoin och Dash. Bitrefill har ett globalt nätverk av samarbetspartners som inkluderar flera stora mobiloperatörer och tjänsteleverantörer. Genom att använda Bitrefill kan användare enkelt använda sina kryptovalutor för att betala för vardagliga tjänster och undvika behovet av att konvertera till fiat-valuta. Bitrefill har också en mobilapp som gör det möjligt för användare att köpa presentkort och betala räkningar med kryptovalutor direkt från sina smartphones.

Quickbit är ett svenskt kryptobolag som tillhandahåller en plattform för köp och försäljning av kryptovalutor, inklusive Bitcoin, Ethereum, Litecoin och Ripple. De erbjuder även lösningar för att acceptera krypto som betalning i e-handel och andra branscher. Quickbit arbetar också med att utveckla blockchain-baserade lösningar för olika användningsområden, inklusive supply chain management och spårning av varor.

Det är viktigt att notera att många banker fortfarande är skeptiska till kryptovalutor och att det kan ta tid innan fler banker börjar använda dem i stor skala.

Kapitel 8: Tjäna pengar på kryptovalutor

Det finns flera sätt att tjäna pengar på kryptovalutor, men det är viktigt att notera att kryptomarknaden är mycket volatil och det finns hög risk för förluster. Här är några sätt att potentiellt tjäna pengar på kryptovalutor:

1. **Köp och håll:** En vanlig strategi är att köpa en kryptovaluta och hålla den under en längre tid i förhoppning om att dess värde ökar över tiden. Detta kräver tålamod och en god förståelse för kryptomarknaden.

2. **Gruvdrift (Mining)**: Om du har rätt utrustning och tekniska färdigheter kan du gräva kryptovalutor för att tjäna nya tokens eller blockbelöningar. Detta kan dock vara dyrt och kräver betydande investeringar i hårdvara och energi.

3. **Handel**: Som med alla marknader kan man tjäna pengar genom att köpa lågt och sälja högt. Du kan handla kryptovalutor på en handelsplattform och försöka dra nytta av prisförändringar. Detta kräver en djup förståelse av marknaden och teknisk analys.

4. **Staking**: Vissa kryptovalutor belönar användare som låser in sina tokens i en staking pool för att hjälpa till att säkra nätverket. Genom staking kan användare tjäna nya tokens som belöning.

5. **Arbitrage**: Genom att köpa en kryptovaluta på en handelsplattform där priset är lågt och sälja den på en annan plattform där priset är högre kan man tjäna pengar genom arbitrage.

6. **Arbeta inom kryptobranschen:** Sök ett lukrativt jobb inom krypto. Branschen skriker efter personal.

Det är viktigt att notera att kryptomarknaden är mycket volatil och att det finns hög risk för förluster. Investera endast det du har råd att förlora.

Att förutsäga framtida avkastning på kryptovalutor är mycket svårt och osäkert, eftersom kryptomarknaden är mycket volatil och påverkas av många faktorer, inklusive efterfrågan, marknadsnyheter, regleringar och tekniska faktorer. Ändå finns det några saker du kan tänka på för att bedöma en kryptovalutas potential för avkastning:

1. **Teknisk analys**: Du kan analysera en kryptos tekniska diagram för att få en uppfattning om dess tidigare prisrörelser och trend, vilket kan ge en indikation på dess framtida rörelser. Det finns många onlineverktyg som hjälper dig med detta.

2. **Fundamentalanalys**: Du kan undersöka kryptons teknologi, dess grundare och team, dess användningsområden och dess potentiella konkurrenter för att bilda en uppfattning om dess långsiktiga potential.

3. **Marknadsnyheter**: Du kan följa kryptovalutans senaste marknadsnyheter för att se om det finns några positiva eller negativa faktorer som kan påverka dess pris.

4. **Samhällssynpunkter**: Du kan undersöka vad människor på sociala medier och forum säger om kryptot och dess användning för att bilda en uppfattning om dess popularitet och potential.

Kapitel 9: Krypto i dagliga livet

Här är några exempel på platser där du kan handla vanliga varor och tjänster med kryptovalutor, notera att fler och fler accepterar krypto som betalningsmedel:

Overstock - Overstock är en amerikansk e-handelsplattform som säljer allt från möbler till elektronik. De accepterar betalningar i Bitcoin, Ethereum, Litecoin, Dash och Bitcoin Cash.

Expedia - Expedia är en populär reseplattform som låter användare boka hotell, flyg och biluthyrning med Bitcoin.

Microsoft - Microsoft är ett av de största teknikföretagen i världen och accepterar betalningar i Bitcoin för vissa produkter och tjänster.

CheapAir - CheapAir är en annan reseplattform som accepterar Bitcoin som betalning för hotell, flyg och biluthyrning.

AT&T - AT&T är en stor amerikansk telekomoperatör som accepterar Bitcoin som betalning för mobilabonnemang och bredbandsinternet.

Shopify - Shopify är en plattform för e-handel som låter användare starta egna webbutiker. De erbjuder stöd för Bitcoin-betalningar via en tredjepartsleverantör.

Newegg - Newegg är en online-återförsäljare av dator- och elektronikprodukter som accepterar Bitcoin som betalning.

Gyft - Gyft är en plattform för digitala presentkort som accepterar Bitcoin som betalning för presentkort från en mängd olika återförsäljare.

Subway - Subway, den globala snabbmatskedjan, accepterar Bitcoin som betalning på vissa platser runt om i världen.

Twitch - Twitch är en populär streamingplattform för spel, och accepterar betalningar i Bitcoin och Bitcoin Cash för vissa transaktioner.

Här är några av de vanligaste kryptovalutorna som används för betalningar online:

Bitcoin (BTC) - Bitcoin är den mest välkända och äldsta kryptovalutan, och det finns många platser som accepterar Bitcoin som betalning för varor och tjänster.

Ethereum (ETH) - Ethereum är den näst största kryptovalutan efter Bitcoin och används också ofta för betalningar.

Litecoin (LTC) - Litecoin är en annan populär kryptovaluta som används för betalningar, och den har lägre transaktionsavgifter än Bitcoin.

Bitcoin Cash (BCH) - Bitcoin Cash är en avknoppning från Bitcoin och är utformad för att vara en snabbare och billigare betalningsvaluta.

Dash (DASH) - Dash är en annan kryptovaluta som fokuserar på snabba och billiga betalningar, och den har också vissa sekretessfunktioner.

Ripple (XRP) - Ripple är en annan större kryptovaluta som har en hög transaktionskapacitet och är speciellt utformad för att användas inom banksektorn.

Binance Coin (BNB) - Binance Coin används främst för transaktionsavgifter på Binance, en av de största kryptobörserna i världen.

Dogecoin (DOGE) - Dogecoin är en kryptovaluta som används för betalningar på vissa platser online. Doge blev mer känt för en bredare publik tack vare Elon Musk´s inlägg på Twitter.

Stellar (XLM) - Stellar är en annan kryptovaluta som är utformad för snabba och billiga transaktioner, och den används också inom banksektorn.

Tether (USDT) - Tether är en stable coin (stabil valuta) som är kopplad till värdet av den amerikanska dollarn, och den används ofta som en alternativ betalningsmetod på kryptobörser.

Dark web - Kryptovalutor har varit en viktig del av den mörka sidan av internet, inklusive Deep Web och Dark Web. Eftersom kryptovalutor tillåter anonyma och pseudonyma transaktioner, har de blivit en vanlig betalningsmetod för illegala tjänster och varor som säljs på Dark Web-marknadsplatser.

Här är några exempel på hur kryptovalutor används på Dark Web:

Illegala droger - Dark Web-marknadsplatser som Silk Road och AlphaBay använde Bitcoin som betalningsmedel för illegal narkotikahandel.

Cyberbrott - Kryptovalutor används också för att betala för tjänster som hackerattacker, utpressning och phishing.

Barnpornografi - Kryptovalutor har också använts för att betala för illegala tjänster som barnpornografi och sexuella övergrepp på Dark Web.

Vapen och ammunition - Dark Web-marknadsplatser som Agora och Evolution accepterade också Bitcoin som betalning för illegala vapen och ammunition.

Det är viktigt att notera att användningen av kryptovalutor för illegala ändamål på Dark Web har blivit alltmer svår att genomföra eftersom myndigheterna har vidtagit åtgärder för att spåra och stoppa kriminella aktiviteter som involverar kryptovalutor.

Blockchainteknik vid allmänna val

Blockkedjeteknik kan användas på flera sätt för att säkerställa transparens, integritet och säkerhet vid val. Här är några exempel:

Säker identifikation: Blockchain kan användas för att skapa en säker och decentraliserad identitetsplattform som gör det möjligt för väljarna att registrera sig och rösta online utan att behöva oroa sig för säkerhetsproblem som röstfusk eller identitetsstöld.

Säker röstning: Genom att använda blockchain kan man skapa en transparent och säker röstningsplattform som gör det möjligt för väljarna att följa sina röster från början till slutet av röstningsprocessen och se till att deras röster räknas korrekt. Detta skulle eliminera risken för manipulation eller förfalskning av röstresultaten.

Snabb räkning och verifiering: Blockchain kan användas för att snabbt och effektivt räkna röster och verifiera resultatet utan att behöva lita på en central myndighet. Detta skulle minska risken för mänskliga fel och främja transparens och rättvisa i valet.

Bekräftelse av röstning: Blockchain kan användas för att skapa en decentraliserad bekräftelsemekanism som gör det möjligt för väljare att se till att deras röst har räknats och att resultatet av valet är giltigt och korrekt.

Det finns några länder som har använt eller överväger att använda blockkedjeteknik för sina allmänna val.

Estland: Estland är ett land som har använt blockkedjeteknik i sin röstningsprocess sedan 2014. De har en e-röstningsplattform som är baserad på blockkedjeteknik, vilket gör det möjligt för medborgarna att rösta online på ett säkert och transparent sätt.

Schweiz: Schweiz har genomfört flera pilotprojekt med blockkedjeteknik för val. De har använt tekniken för att göra röstningen säkrare och mer transparent, och för att möjliggöra en snabbare rösträkning.

USA: Flera amerikanska stater har också utforskat blockkedjeteknik för val. Till exempel använde West Virginia blockkedjeteknik för att säkra rösterna i 2018 års kongressval.

Ryssland: Ryssland har övervägt att använda blockkedjeteknik för att förbättra sin röstningsprocess. De har genomfört flera tester och pilotprojekt för att se hur tekniken kan integreras i deras valsystem.

Användningen av blockkedjeteknik i valprocesser fortfarande är relativt nytt, och det finns fortfarande utmaningar och frågor som måste lösas innan tekniken kan användas på bredare skala.

Kapitel 10: Intressanta historier om krypto

I och med att det är en ung bransch så händer det givetvis många saker. Både bra och dåliga. Här är några historier bakåt i tiden som är värt en extra notering. Bra att känna till med andra ord. Det finns givetvis många fler, men här är några utvalda händelser.

Bitcoin Pizza Day - Den 22 maj 2010 genomfördes den första dokumenterade transaktionen där Bitcoin användes för att köpa varor och tjänster. Laszlo Hanyecz, en programmerare från Florida, USA, erbjöd 10.000 Bitcoins till någon som kunde köpa två pizza till honom. På den tiden var 10.000 Bitcoins bara värt cirka 40 dollar, så erbjudandet var ganska attraktivt. Jeremy Sturdivant, en annan programmerare, svarade på Hanyeczs erbjudande och beställde två pizza från Papa John's för honom i utbyte mot 10.000 Bitcoins. Hanyecz skickade Bitcoins till Sturdivants Bitcoinadress, och Sturdivant betalade sedan för pizza med sina egna pengar. Den här händelsen har blivit känd som "Bitcoin Pizza Day" och firas varje år av kryptogemenskapen den 22 maj. Det var en av de första gångerna som Bitcoin användes för att köpa varor och tjänster, och det markerade början på kryptovärldens verkliga användning som ett alternativt betalningssystem.

I dag, med en Bitcoin-värde på flera tusen dollar, är det här köpet känt som den dyraste pizzan någonsin köpt. Det har också blivit en symbol för kryptovärldens utveckling och dess snabba tillväxt på bara några år.

CryptoKitties - En rolig händelse som inträffade inom kryptovärlden var när en användare på Ethereum-nätverket skrev en smart kontrakt-kod som oavsiktligt gjorde en katt till en viktig del av transaktionerna. Kontraktet, kallat "CryptoKitties", lät användare köpa, sälja och handla med virtuella katter som var kodade på Ethereum-blockchainen. CryptoKitties blev så populärt att det orsakade överbelastning på Ethereum-nätverket och gjorde transaktionsavgifterna högre än normalt. Det blev till och med så allvarligt att vissa användare kunde inte genomföra sina transaktioner på grund av köerna. Detta ledde till att många började skämta om att "katterna har kraschat Ethereum". Trots de tillfälliga utmaningarna blev CryptoKitties en stor framgång och öppnade upp nya möjligheter för att använda smarta kontrakt inom spel och underhållning på blockchainen. Det visar också hur kryptovärlden är en ständigt föränderlig och ibland överraskande plats där nya innovationer och möjligheter kan uppstå på oväntade sätt. Man kan fortfarande idag köpa sig en digital katt.

Mt. Gox-hacket - en av de största skandalerna inom kryptovärlden och skedde år 2014. Mt. Gox var en japansk kryptobörs som ansågs vara en av de största och mest populära kryptobörserna vid den tiden.

Börsen hanterade en stor del av all handel med bitcoin, men den hade redan uppmärksammats för sina problem med uttag och insättningar av fiat-valutor. Den 24 februari 2014 meddelade Mt. Gox att de hade stoppat all handel på grund av tekniska problem och att de skulle stänga av handelsplattformen för en obestämd tid. Det visade sig senare att Mt. Gox hade blivit hackad och att en stor mängd bitcoin hade stulits. Totalt förlorades 850 000 bitcoin, vilket motsvarade mer än 460 miljoner dollar vid den tiden. Detta hade en stor inverkan på kryptovärlden och orsakade en nedgång i bitcoinpriset och en allmän oro för säkerheten på kryptobörser. Efter hacket ställdes Mt. Gox inför rätta och dess grundare, Mark Karpeles, anklagades för bedrägeri och förskingring. Karpeles hävdade att bitcoin hade stulits från Mt. Gox genom en teknisk svaghet i säkerhetssystemet.

Mt. Gox-hacket påminner om vikten av att vara försiktig och vaksam när man hanterar kryptovalutor och placeringar i kryptovärlden. Detta ledde också till ökad fokus på säkerhet och reglering av kryptobörser för att minska risken för liknande händelser i framtiden.

Bitcoin-bubblan 2017 - var en period med snabb prisökning av Bitcoin och andra kryptovalutor som nådde sin höjdpunkt i december 2017. Under denna period ökade priset på Bitcoin från cirka 1 000 dollar i januari 2017 till nästan 20 000 dollar i december samma år. Bubblan anses ha utlösts av flera faktorer, inklusive spekulativa köp av investerare som ville dra nytta av den snabba prisökningen, medieuppmärksamhet och en ökande efterfrågan från privatpersoner och institutioner som ville investera i kryptovalutor. Men i slutet av 2017 började priserna på kryptovalutor att sjunka, och i början av 2018 hade Bitcoin-priset sjunkit tillbaka till cirka 3 000 dollar. Detta ledde till en kraftig nedgång i hela kryptomarknaden, och många investerare förlorade stora summor pengar. Bubblan var också känd för sin spekulativa natur och bristande reglering. Många kryptobörser saknade adekvat säkerhet och reglering, vilket ledde till flera hackerattacker och förlust av investerarnas pengar. Trots att Bitcoin-bubblan 2017 ledde till en kraftig nedgång i kryptomarknaden har kryptovalutor fortsatt att vara en populär investeringsmöjlighet, och flera nya kryptovalutor har lanserats sedan dess. Men det är också viktigt att notera att kryptovalutor fortfarande är en högriskinvestering, och investerare bör vara medvetna om riskerna och noggrant överväga sina investeringsbeslut.

El Salvador godkänner Bitcoin som lagligt betalningsmedel - Den 8 juni 2021 godkände El Salvadors lagstiftande församling en lag som gör Bitcoin till ett lagligt betalningsmedel i landet. Detta gjorde El Salvador till det första landet i världen som erkände Bitcoin på detta sätt. Presidenten i El Salvador, Nayib Bukele, hade tidigare uttryckt sitt stöd för Bitcoin och kryptovärlden och ansåg att användningen av

Bitcoin kunde hjälpa landets ekonomi. Han ansåg att Bitcoin kunde hjälpa till att minska kostnaderna för internationella överföringar och göra det enklare för människor som saknar bankkonton att hantera sin ekonomi. Enligt lagen skulle företag i El Salvador vara skyldiga att acceptera Bitcoin som betalning för varor och tjänster, och skattebetalningar skulle också kunna göras i Bitcoin. Emellertid skulle användningen av Bitcoin vara valfri, och människor skulle fortfarande kunna använda landets officiella valuta, den salvadoranska colónen, för sina transaktioner.

Detta drag från El Salvadors regering skapade stor uppmärksamhet i kryptovärlden, med många som ansåg att det var ett stort steg mot att öka kryptovärldens acceptans och användning. Emellertid har det också funnits oro över säkerheten och stabiliteten för Bitcoin, särskilt med tanke på dess volatilitet på marknaden. Det återstår att se hur El Salvadors experiment med att acceptera Bitcoin som betalningsmedel kommer att påverka landets ekonomi och om andra länder kommer att följa efter i deras fotspår.

Dogecoin och Elon Musk - Tesla-vd:n Elon Musk har skrivit flera tweets om Dogecoin, en kryptovaluta som ursprungligen var en parodi på Bitcoin. Musk har påverkat priset på Dogecoin genom sina tweets och skapat mycket debatt om kryptovalutor.

Kapitel 11: Undvik fällorna och bedrägerierna

Det är sant att detta är ett mycket viktigt ämne, och det är svårt att vara heltäckande inom området. Men det är klokt att vara försiktig och vidta vissa åtgärder för att undvika att bli lurad eller hamna i fällor, inte bara när det gäller kryptovalutor utan även vid användning av datorer och tekniska hjälpmedel i allmänhet. Det finns bedrägerier och oseriösa aktörer inom kryptoindustrin, precis som det finns bedrägerier som riktar in sig på andra områden, som exempelvis swishbedrägerier i Sverige.

Här är några tips som kan hjälpa dig att undvika vanliga fällor inom kryptovalutor:

1. **Utforska noggrant:** Innan du investerar i en kryptovaluta, se till att göra ordentlig efterforskning. Läs på om projektet, dess teknologi och det team som står bakom det. Detta hjälper dig att bedöma potentialen och minska risken för att investera i oseriösa projekt.

2. **Var försiktig med ICO:** Initial Coin Offerings (ICO) är en vanlig metod för krypto-projekt att samla in pengar, men det finns också många bedrägerier i samband med ICO:s. Var noga med

att noggrant granska ICO-projektet innan du investerar och se till att det har trovärdiga och transparenta mål och planer.

3. **Använd välrenommerade kryptobörser:** Det finns många kryptobörser tillgängliga, men inte alla är pålitliga och säkra. Använd etablerade och välrenommerade kryptobörser för att minimera risken för att bli offer för bedrägerier eller att förlora dina kryptovalutor på grund av osäkerhet i plattformen.

4. **Skydda dina privata nycklar:** Dina privata nycklar är avgörande för att säkert hantera dina kryptovalutor. Använd en pålitlig plånbok och se till att ha säkerhetskopior av dina privata nycklar på en säker plats. Var noga med att skydda dina nycklar från obehörig åtkomst.

5. **Var försiktig med phishing:** Phishing-attacker är vanliga i kryptovärlden, där bedragare försöker få tillgång till dina kryptovalutor genom att lura dig att avslöja dina personuppgifter eller privata nycklar. Var vaksam och använd säkra metoder för att skydda dina personuppgifter och använd en pålitlig dator eller enhet när du hanterar dina kryptovalutor.

6. **Investera bara vad du har råd att förlora:** Som med alla investeringar är det viktigt att bara investera det belopp som du har råd att förlora. Kryptovalutor kan vara mycket volatila och det finns ingen garanti för avkastning. Var medveten om riskerna och sätt upp en budget för dina investeringar.

Skydda din e-post

Det är ett mycket viktigt och relevant tips att vara försiktig med e-post och vara skeptisk till länkar i e-postmeddelanden, även om de ser ut att vara från välkända företag eller organisationer. Bedragare kan använda phishing-tekniker för att försöka få åtkomst till dina konton och stjäla dina lösenord eller känslig information.

Här är några tips för att skydda din e-post och undvika phishing-attacker:

1. **Var försiktig med länkar:** Klicka aldrig på länkar i e-postmeddelanden om du inte är säker på källan. Bedragare kan skapa falska webbplatser som ser ut som de riktiga och försöka lura dig att ange dina inloggningsuppgifter. Istället för att klicka på länkar, gå till webbplatsen manuellt genom att skriva in webbadressen i webbläsaren och logga in därifrån.

2. **Verifiera avsändaren:** Kontrollera noggrant avsändarens e-postadress och namn i meddelandet. Bedragare kan använda liknande namn eller domännamn för att försöka lura dig att tro att meddelandet kommer från en pålitlig källa. Dubbelkolla stavningen och eventuella avvikelser i avsändaradressen.

3. **Var uppmärksam på omedelbar press eller hot:** Phishing-meddelanden kan ofta skapa en känsla av brådska eller hota med konsekvenser om du inte agerar omedelbart. Var skeptisk mot sådana meddelanden och tänk efter innan du vidtar några åtgärder.

4. **Använd starka och unika lösenord:** Se till att ditt e-postkonto är skyddat med ett starkt och unikt lösenord som inte används på några andra platser. Använd en kombination av bokstäver, siffror och specialtecken för att skapa ett säkert lösenord.

5. **Använd tvåfaktorsautentisering (2FA):** Aktivera tvåfaktorsautentisering för ditt e-postkonto om möjligt. Detta innebär att du måste ange en extra verifieringskod, vanligtvis via en mobilapp eller SMS, för att logga in på ditt konto. Detta ger en extra säkerhetsnivå för att förhindra obehörig åtkomst även om ditt lösenord skulle komprometteras.

Falska annonser

Det är viktigt att vara medveten om och vara skeptisk till falska annonser och bedrägerier som sprids via sociala medier, e-post och andra kanaler. Bedragare använder ofta olika taktiker för att locka människor att investera i kryptovalutor eller dela sina personliga uppgifter.

Här är några tips för att undvika att falla för sådana bedrägerier:

1. **Var skeptisk till orealistiska erbjudanden:** Om en annons eller ett erbjudande låter för bra för att vara sant, är det sannolikt också så. Var försiktig med att investera i något som lovar snabba och stora vinster utan någon risk.

2. **Gör din egen efterforskning:** Innan du investerar i kryptovalutor eller något annat, se till att göra din egen grundliga efterforskning om projektet, företaget och teamet bakom det. Kontrollera att det finns trovärdig information och verifierbara källor som stöder deras påståenden.

3. **Kontrollera källan:** Om du ser en nyhet eller ett erbjudande som verkar intressant, kontrollera källan oberoende av annonserna. Gå till officiella nyhetswebbplatser eller pålitliga källor för att verifiera informationen innan du vidtar några åtgärder.

4. **Var försiktig med personlig information:** Ge aldrig ut personlig information, som dina kryptovalutaadresser eller lösenord, till okända personer eller via osäkra kanaler. Bedragare kan använda denna information för att få tillgång till dina tillgångar eller utföra identitetsstölder.

5. **Använd säkra plattformar:** Om du vill köpa eller sälja kryptovalutor, använd endast välrenommerade och pålitliga plattformar och kryptobörser. Se till att de har robusta säkerhetsåtgärder och skyddar användarnas tillgångar.

6. **Var uppmärksam på varningsflaggor:** Lär dig att identifiera varningsflaggor för bedrägerier, som orealistiska löften, brist på transparent information, brist på support eller dålig kommunikation från företaget.

7. **Var medveten om social engineering-taktiker:** Bedragare kan använda social engineering-tekniker för att manipulera och lura människor. Var försiktig med att ge ut personlig information eller genomföra transaktioner baserat på påtryckningar, brådska eller hot.

MEME-coins

Ni har säkert hört talas om DOGE-coin som ofta marknadsförs av exempelvis Elon Musk. Det är ett legitimt mynt, eller en s.k. token, inga problem med det. Det har också en stor och dedikerad följarskara, och myntets värde har stigit under de senaste åren.

Men... det är också ett mynt som för närvarande saknar något konkret syfte. Det är i princip bara ett mynt i sig utan någon underliggande funktion, mer som ett samlarobjekt. Det här är inget direkt bedrägeri, men jag rekommenderar att ni funderar noga innan ni investerar i den här typen av mynt. Vad är deras framtid? Är det bara förhoppningen om att värdet ska stiga?

Nu kommer vi till den knepiga biten. Hur ska vi förhålla oss till de hundratals andra MEME-mynten som dykt upp på kryptomarknaden? Till exempel SHIBA, COSHI och så vidare. Har de en framtid? Enligt min åsikt är det mestadels en hype, ett mode-mynt. Ett mynt som sannolikt kommer att blekna bort och försvinna inom några år. Om inte myntet har någon konkret funktion utöver att bara finnas på marknaden, tror jag inte att det har någon framtid.

Det betyder inte att man inte kan tjäna pengar på sådana mynt. Det kan man mycket väl göra, men enligt min uppfattning är det också hög risk att förlora pengar. Om man har tur och kommer in tidigt i ett

Meme-coin kan man ha turen att tjäna pengar på det. Men det är också som att vinna på Lotto, om ni förstår vad jag menar. Om jag investerar i ett Meme-mynt tar jag inte ut mer än några procent av min totala investering och övervakar noggrant investeringen. För mig är det inte ett "HODL-mynt". Förresten, "HODL" kommer från en felstavning som någon gjorde i ett webbforum när de menade "HOLD your coins" - "HODL your coins" blev det istället, och sedan dess har "HODL" blivit ett populärt begrepp inom vissa kretsar.

Historien med DOGE fortsätter. Vi får se vad framtiden har att visa. Första gången jag själv investerade i DOGE var 2018 då priset låg på cirka 0,002 dollar (ca 0,02 kr). I skrivande stund har myntet sjunkit från cirka 65 cent (ca 6 kr) till 20 cent (ca 1,80 kr). Vid den tiden hade jag cirka 40 000 Doge, men de försvann när kryptobörsen "Cryptopia" hackades. Då var det värda 800 dollar (i Doge-mynt), vilket i skrivande stund skulle vara värt cirka 8000 dollar. Surt, men mer om hackade kryptobörsar och historien om Cryptopia kommer senare i boken.

DogeCoin lanserades år 2013 och var ursprungligen tänkt som en rolig grej utan några seriösa ambitioner, men har sedan dess vuxit till en betydande kryptovaluta med en stor och engagerad användarbas. DogeCoin har en unik och igenkännbar logotyp som är baserad på den japanska hundrasen shiba inu. Denna hundras blev en symbol för

DogeCoin när en bild av en shiba inu med en pratbubbla som sa "wow, such currency" började cirkulera på sociala medier och internetforum. DogeCoin har vunnit popularitet och stöd från kända personer som Elon Musk och Mark Cuban. DogeCoin har också använts för att samla in pengar till välgörenhetsorganisationer och för att belöna användare på sociala medier för att skapa och dela innehåll.

Introduktion av nya valutor och mynt

ICO (Initial Coin Offering) kan jämföras med IPO för aktier. Det innebär att nya mynt släpps ut under en viss period och du kan delta i investeringen. Det är helt okej, inga problem med det. Men det är viktigt att göra ordentlig research om vilka som står bakom projektet och varför de startar det. Vad är syftet med myntet? Vilka ekonomiska resurser finns bakom det? Vad har teamet tidigare åstadkommit? Det finns oftast en beskrivning av projektet i form av en Whitepaper (en slags dokumentation som följer en viss mall). Har teamet en bra meritlista? Vad har de gjort tidigare? Och så vidare. De flesta ICOs misslyckas inom ett år. Enligt tidskriften "Enterprise Risk" (https://enterpriseriskmag.com) är cirka 80% av alla ICOs bedrägerier, och av de återstående 20% överlever bara hälften. Jag har själv deltagit i cirka 5-6 olika projekt, inte med stora summor, men ändå. Ett av dem blev framgångsrikt, främst för att jag sålde alla mynt inom en månad efter lanseringen och gjorde en vinst på cirka 10 gånger min investering. Men i slutändan blev det ungefär jämnt.

Ha siffrorna i åtanke när du ser nya mynt erbjudas. Det kan verka lockande att investera i dem och hoppas på det bästa. Tyvärr är oddsen emot dig. Men det betyder inte att alla mynt är dömda att misslyckas. Idag skulle jag tänka extra noga innan jag investerar i en ICO. Det är lika bra att vänta och bevaka projektet och sedan gå in med mindre risk och möjligtvis mindre vinst. Där kommer mitt motto till nytta, "Var inte för girig". Om projektet är bra men ändå inte stiger direkt kan det vara bra att vara tålmodig och "Hodla" (hålla på sina mynt). Jag investerar inte mer än vad jag har råd att förlora. Mer om ICOs rent tekniskt kommer i nästkommande avsnitt.

På Ethereum- och några andra blockkedjor finns möjligheten att skapa så kallade "tokens". Dessa är egentligen inte riktiga kryptovalutor med en egen blockkedja och miners, utan de är baserade på smarta kontrakt som enligt vissa regler kan användas för att skapa, sälja och äga tokens. Ett smart kontrakt fungerar som ett datorprogram med kod och regler för hur det ska agera vid olika händelser. Smarta kontrakt bindas sedan till blockkedjan och utförs när de anropas vid exempelvis köp eller försäljning av en token. En token "lever" så att säga i detta smarta kontrakt. Det finns många välkända tokens med en bra struktur. Det finns också risker med dessa smarta kontrakt. Den största risken är att det kan finnas säkerhetsproblem i kontraktet som kan utnyttjas av hackare för att stjäla tokens. Ibland programmeras det även in medvetna fel i kontraktet för att genomföra en så kallad "Rug-Pull", där utvecklaren plötsligt tar bort likviditeten och investerare står kvar med värdeösa tokens. Det kan hända att en token som igår var värd mycket pengar plötsligt är nästan värdelös, och då är det för sent att sälja. Några välkända nätverk för smarta kontrakt inkluderar Ethereum, Tezos, Stellar, Polkadot och Solana, bland andra.

Observera att detta är själva systemen/nätverken för att hantera olika smarta kontrakt och tokens, inte själva smarta kontrakten i sig. Hur kan man då undvika att bli lurad? Om du köper en token, se till att göra din research och var inte en av de första att investera om du inte vill ta onödiga risker. Det lanseras nya smarta kontrakt och tokens varje sekund. Jag skulle säga att 99,9% av dem är dömda att misslyckas redan innan de lanseras. Inköp av tokens kan göras genom en decentraliserad utbytestjänst.

Exempelvis PancakeSwap för BNB och Uniswap för Ethereum. Det innebär att du har Ethereum och byter till den önskade tokenen genom att "swappa". Det kan göras praktiskt med hjälp av en plånbok som MetaMask, till exempel. Jag vet att det var mycket information att ta in, men ta det lugnt. Allt kommer att bli klarare snart då jag reder ut allt längre fram i denna bok.

Investeringsklubbar

Det finns investeringsklubbar där ute som lovar fantastiska avkastningar om du ger dem pengar varje månad för att köpa kryptovalutor åt dig. De hävdar att de kommer att förvalta dina pengar och generera lönsamhet åt dig. Men jag rekommenderar starkt att inte gå med i sådana klubbar som lovar en specifik procentuell avkastning, och jag ska förklara varför.

Anledningen är att det är omöjligt att garantera en fast avkastning när det gäller kryptovalutor. Volatiliteten är extremt hög, vilket innebär att priserna kan svänga kraftigt på kort tid. Det betyder att det inte finns något sätt att på förhand förutsäga vilken avkastning du kommer att få. Det är lika möjligt att du förlorar pengar som att du gör vinst.

Så vad är egentligen dessa klubbar ute efter? Jo, de är intresserade av dina pengar, naturligtvis. Genom att locka med löften om hög avkastning försöker de få dig att investera och sedan förvalta dina medel. Men det är viktigt att vara medveten om att det finns en betydande risk för att du kan förlora dina pengar i stället för att få den utlovade avkastningen.

Personligen föredrar jag att investera på egen hand eftersom det ger mig en större känsla av trygghet och kontroll över mina pengar. Genom att göra min egen efterforskning och ta egna beslut kan jag bättre hantera riskerna och ha en realistisk förståelse för att det inte finns några garantier när det gäller kryptovalutor.

Sammanfattningsvis, var försiktig med investeringsklubbar som lovar osannolika avkastningar. Se till att göra din egen research och ta ansvar för dina investeringar. Det är viktigt att förstå att kryptovalutor är högriskinvesteringar och att det inte finns några snabba och säkra sätt att bli rik. Var realistisk och agera med försiktighet när du investerar i kryptovalutor.

Cloud mining

Cloud mining är en form av gruvdrift (Engelska: mining) där användare kan hyra datorkraft från molnbaserade gruvdriftsföretag för att utvinna kryptovalutor utan att behöva äga sin egen fysiska gruvarbetare. Det är korrekt att istället för att investera i hårdvara och infrastruktur själva kan användare köpa eller hyra datorkraft från dessa molnbaserade gruvdriftsföretag och få tillgång till deras infrastruktur via internet.

Funktionen för cloud mining är att användare betalar en avgift för att hyra en viss mängd datorkraft under en specificerad tidsperiod. Den hyrda datorkraften används sedan av molnbaserade gruvdriftsföretag för att bryta kryptovalutor, som sedan fördelas till användarna baserat på deras andel av den totala datorkraften.

En tydlig fördel med cloud mining är att du inte behöver bekymra sig om den tekniska sidan av gruvdriften, inklusive underhåll av gruvarbetaren, uppdateringar och energikostnader. Det ger en enklare och mer bekväm lösning för dig som inte vill hantera den tekniska aspekten av gruvdrift.

Samtidigt finns det några nackdelar att överväga. Kostnaderna för cloud mining kan vara högre jämfört med att köpa egen utrustning, och det finns också risker för bedrägerier och bluffprojekt. Det är viktigt att du noggrant undersöker och utbildar dig innan du investerar i cloud mining och att du väljer pålitliga och säkra molnbaserade gruvdriftsföretag.

Det är alltid bra att fortsätta lära sig och hålla sig uppdaterad om utvecklingen inom cloud mining och kryptovalutor generellt. Genom att göra det kan du fatta mer informerade beslut och minimera risken för att drabbas av oseriösa aktörer eller oönskade förluster.

Kapitel 12: Tjugo allmänna tips och råd

1. Gör din egen efterforskning och utbilda dig om kryptovalutor för att få en bättre förståelse av hur de fungerar och vilka risker som är inblandade.

2. Lär dig om olika kryptovalutor och deras unika egenskaper innan du investerar.

3. Investera aldrig mer än du har råd att förlora.

4. Ha en diversifierad portfölj med flera olika kryptovalutor.

5. Håll dig uppdaterad om marknadstrender och nyheter om kryptovalutor.

6. Använd kryptovalutor som en del av en större investeringsstrategi och inte som den enda investeringen.

7. Använd en pålitlig och säker kryptovaluta-handelsplattform.

8. Var försiktig med bedrägerier och bluffprojekt som lovar snabba vinster.

9. Använd alltid starka lösenord och tvåfaktorsautentisering för att skydda dina kryptovalutor.

10. Var beredd på volatilitet och prissvängningar på kryptomarknaden.

11. Sätt realistiska mål och ha en exit-strategi för dina investeringar.

12. Försök inte att tima marknaden eller spekulera i kortsiktiga prissvängningar.

13. Använd teknisk analys för att identifiera trender och möjligheter på kryptomarknaden.

14. Försök att undvika att köpa kryptovalutor när priserna är höga och sälja när priserna är låga.

15. Var försiktig med att investera i nya och okända kryptovalutor utan tillräcklig efterforskning och analys.

16. Håll dina kryptovalutor på en säker plånbok eller på en kryptobörs med hög säkerhet.

17. Se till att du förstår de skatteregler som gäller för kryptovalutor i ditt land.

18. Ha tålamod och en långsiktig investeringsstrategi när det gäller kryptovalutor.

19. Lär dig hur man använder kryptomarknadsorder som stop-loss och take-profit för att minimera riskerna.

20. Använd sociala medier och kryptogemenskapen för att få insikt och dela information om kryptovalutor.

Kapitel 13: Kryptovalutor och tokens

Termerna "kryptovalutor" och "tokens" används ofta omväxlande i kryptovärlden, men det finns en subtil skillnad mellan dem.

En kryptovaluta är en digital eller virtuell valuta som är utformad för att fungera som ett betalningsmedel. Den använder kryptografi för att säkra och verifiera transaktioner samt för att kontrollera skapandet av nya enheter. Exempel på kryptovalutor inkluderar Bitcoin, Ethereum, Litecoin och Bitcoin Cash.

Å andra sidan är en token en enhet av värde som skapas och hanteras på en blockkedjeplattform. Token kan representera något av värde, till exempel tillgångar, rättigheter eller tjänster. De kan också användas för att underlätta transaktioner inom en specifik applikation eller plattform. Tokens skapas ofta genom en process som kallas Initial Coin Offering (ICO) och byggs ovanpå befintliga blockkedjeplattformar som Ethereum. Exempel på tokens inkluderar ERC-20-tokens som Basic Attention Token (BAT) och Chainlink (LINK).

Kapitel 14: Så lanseras nya mynt och valutor

IPO

IPO står för "Initial Public Offering" och syftar på den första gången som ett privat företag erbjuder sina aktier till allmänheten för att köpa på en offentlig marknad. Detta ger företaget tillgång till nya kapital, vilket kan användas för att expandera verksamheten, betala av skulder, investera i forskning och utveckling, och så vidare. En IPO är en mycket viktig milstolpe för ett företag, eftersom det markerar början på en ny fas i företagets utveckling och kan hjälpa till att höja företagets profil och varumärke. Företag som planerar att genomföra en IPO måste uppfylla vissa kriterier, inklusive att ha en viss storlek, ha en tillräckligt stark affärsmodell och ha en tillförlitlig och transparent rapportering av finansiell information. För att genomföra en IPO, måste företaget anlita investmentbanker och andra rådgivare för att hjälpa till med processen. De hjälper till att bestämma aktiepriset, förbereda prospektet, samla in investerare och marknadsföra företaget inför allmänheten.

När IPO:n är genomförd och aktierna finns tillgängliga på börsen, kan vem som helst köpa och sälja aktierna. Detta ger möjlighet för investerare att investera i företaget och dra nytta av eventuell framtida tillväxt och vinst. Men det finns också en risk att aktiekursen kan falla, vilket kan resultera i förluster för investerarna.

Sammanfattningsvis är en IPO en viktig händelse för företag som vill höja kapital och bli noterade på en offentlig marknad. Det är en process som kräver mycket planering och resurser, men som kan ge företaget tillgång till nya kapital och stärka dess varumärke.

ICO

ICO står för Initial Coin Offering, vilket är en form av crowdfunding som används för att finansiera nya kryptovalutaprojekt eller blockchain-baserade applikationer. Under en ICO säljer företaget som ligger bakom projektet ut en ny kryptovaluta eller "token" till allmänheten i utbyte mot etablerade kryptovalutor som Bitcoin eller Ethereum, eller i vissa fall fiat-valutor som USD eller EUR.

ICO:s fungerar på samma sätt som en börsintroduktion, men istället för att sälja aktier i företaget säljer man nya kryptovalutor eller tokens som representerar en del i det nya projektet. Investeringarna som görs under ICO används sedan för att finansiera projektets utveckling, marknadsföring och lansering.

En fördel med ICOs är att de ger möjlighet för mindre företag och startups att få tillgång till kapital utan att behöva gå igenom traditionella finansieringskanaler som banker eller venture capitalists. Samtidigt ger det också investerare möjligheten att få tillgång till nya och innovativa projekt, och potentiellt få hög avkastning på sin investering om projektet blir framgångsrikt.

Det är dock viktigt att notera att ICOs är en relativt ny form av finansiering och att det finns höga risker för investerare. Precis som med vilken annan investering som helst finns det ingen garanti för att projektet kommer att bli framgångsrikt eller att man kommer att få en hög avkastning på sin investering.

Till följd av bristande reglering och transparens inom ICOs, har det förekommit många bedrägerier och missbruk av systemet. Därför är det viktigt att utöva stor försiktighet vid val av ICO och alltid göra grundliga undersökningar och research innan man investerar i ett projekt.

IDO

IDO står för Initial DEX Offering. Det är en form av initiala kryptovaluta erbjudanden (ICO) som sker på decentraliserade utbyten, också kända som DEX:er. Under en IDO säljs en ny kryptovaluta eller "token" till allmänheten i utbyte mot etablerade kryptovalutor som Bitcoin eller Ethereum. Dessa IDO:s sker vanligtvis på en DEX-plattform som använder en automatisk marknadsmodell för att sätta priset på det nya tokenet. En fördel med IDO:s är att de ger möjlighet för mindre företag och projekt att finansieras utan att behöva gå igenom traditionella finansieringskanaler eller större kryptobörser. Detta ger också investerare möjligheten att få tillgång till nya och innovativa projekt, och potentiellt få hög avkastning på sin investering om projektet blir framgångsrikt. Precis som med ICO:s är det viktigt att notera att IDO:s är en relativt ny form av finansiering och att det finns höga risker för investerare. På grund av bristande reglering och transparens inom IDO:s, kan det också förekomma bedrägerier och missbruk av systemet. Därför är det viktigt att utöva stor försiktighet vid val av IDO och alltid göra grundliga undersökningar och research innan man investerar i ett projekt.

IEO

IEO står för Initial Exchange Offering, och det är en annan typ av initialt kryptovalutaerbjudande som sker på kryptobörser. Till skillnad från ICO och IDO, sker IEO:s genom att kryptobörser hjälper projekt att sälja sina tokens till allmänheten. Projektet ansöker om att genomföra en IEO på en kryptobörs, och om ansökan godkänns av börsen, hjälper börsen projektet att sälja sina tokens till sina kunder. Dessa tokens kan köpas med etablerade kryptovalutor, såsom Bitcoin eller Ethereum. När tokens har sålts till allmänheten, börjar handeln av dessa på börsen. En fördel med IEO:s är att det kan vara mindre riskfyllt för investerare eftersom börsen genomför en del av due diligence-processen för att bedöma projektet och dess potential. Börsen erbjuder också en plattform för handel av tokens, vilket kan öka deras likviditet. Men det är också viktigt att notera att börsen vanligtvis tar en viss procent av försäljningspriset för att genomföra en IEO, vilket kan göra att projektet får mindre pengar än om de genomförde en ICO eller IDO.

Kapitel 15: Stablecoins och riskerna med det

Ett stablecoin (stabila valutor) är en typ av kryptovaluta som är utformad för att bibehålla en relativt stabil värde i förhållande till en annan valuta, till exempel en fiatvaluta som USD eller EUR. Detta uppnås genom att koppla värdet av stablecoin till en stabil tillgång, såsom en annan fiatvaluta, en råvara eller en annan kryptovaluta, eller genom att använda mekanismer som automatiskt reglerar tillgången på och efterfrågan på stablecoin för att hålla dess värde stabilt. Fördelen med stabila kryptovalutor är att man kan sälja sina andra och kanske mer volatila valutor och luta sig tillbaka med ett hyfsat stabilt värde i ett stablecoin. I det stora hela så är ett stablecoin stabilt, men det finns exempel då det inte varit så.

En av de största riskerna med stablecoins är att den tillgång som den är kopplad till kan vara volatil och instabil i värde. Om till exempel en stablecoin är kopplad till en annan kryptovaluta som plötsligt tappar i värde, kan det resultera i att värdet av stablecoin sjunker dramatiskt. Detta kan också leda till likviditetsproblem för användare som vill sälja sin stablecoin. En annan risk med stablecoins är att de inte är lika reglerade som traditionella fiatvalutor, vilket kan göra dem mer sårbara för bedrägerier, missbruk och manipulation av marknaden. Dessutom kan en bristande öppenhet kring den tillgång som stablecoin är kopplad till göra det svårt för användare att bedöma dess faktiska värde. Det är också värt att notera att vissa typer av stablecoins, särskilt de som använder mekanismer som automatiskt reglerar tillgången på och efterfrågan på stablecoin, kan vara komplicerade och svåra att förstå för gemene man. Detta kan göra det svårt för användare att bedöma risken och påverkan av en eventuell säkerhetsincident eller liknande händelse.

Det finns exempel på att stablecoins har kraschat eller upplevt dramatiska prisfall. Ett av de mest kända exemplen är Tether (USDT), en av de största stablecoins som är kopplad till den amerikanska dollarn. Under 2018 upplevde Tether dramatiska prisfall som resulterade i att dess värde sjönk under värdet av en amerikansk dollar. Detta skedde samtidigt som det fanns frågor om Tethers tillgångar och huruvida de verkligen var kopplade till amerikanska dollar. Dessa frågor ledde till oro bland investerare och utbyten, vilket i sin tur resulterade i att priset på Tether sjönk. Liknande händelser har också inträffat med andra stablecoins, som till exempel Basis, som lanserades 2018 men lades ned samma år på grund av regulatoriska utmaningar och en fallande efterfrågan på dess token. Det är viktigt att notera att inte alla stablecoins har upplevt krascher eller stora prisfall, och det är också möjligt att vissa stablecoins har större säkerhetsåtgärder och en mer tillförlitlig koppling till en stabil tillgång.

Det är dock alltid viktigt att vara medveten om risken för volatilitet och att noggrant överväga riskerna innan man investerar i stablecoin.

Inom några år kommer fler och fler länder lansera sina egna kryptovalutor baserade på blockkedjetekniken. De flesta kommer vara så kallade stablecoins. Antagligen kommer de vara knutna till landets egna fiat-valuta, eftersom värdet på en e-krona ska vara lika mycket värt som en vanlig krona. Det finns många pågående projekt runt om i världen. Jag tippar på att Sverige lanserar sitt e-mynt under 2025. Om syftet är att skifta till ett samhälle utan kontanter låter jag vara osagt. Men det är ett stort steg mot ett kontantlöst samhälle. När staten inför sina e-pengar så kommer det garanterat vara centralstyrt, och inte uppbyggt på samma sätt som den fria eller decentraliserade kryptomarknaden. I framtiden kommer vi leva parallellt med statliga kryptomynt och decentraliserade kryptomynt, samt hybrider där emellan. Det finns både fördelar och nackdelar med en e-krona. Jag kommer inte gå in på dem i denna bok.

CBDC, eller "central bank digital currency", är en digital valuta som är utgiven av en centralbank, till skillnad från vanliga digitala valutor som Bitcoin eller Ethereum som är decentraliserade. CBDC:s är utformade för att fungera som en digital version av en nationell valuta och skulle vara ett officiellt betalningsmedel som stöds av staten.

CBDC är fortfarande i ett tidigt skede av utveckling och det finns flera olika sätt som det skulle kunna fungera på. En möjlighet är att CBDC skulle fungera som en direkt digital representation av en nationell valuta, där centralbanken är ansvarig för att utfärda, förvara och hantera valutan. En annan möjlighet är att CBDC skulle fungera som en digital valuta som stöds av en fysisk valuta, där centralbanken skulle ha kontroll över utgivningen och hanteringen av CBDC men den skulle fortfarande ha en koppling till en fysisk valuta. Fördelarna med CBDC:s inkluderar möjligheten att minska användningen av kontanter och öka effektiviteten i betalningssystemen. CBDC:s skulle också kunna minska kostnaderna och öka hastigheten i betalningstransaktioner, samtidigt som det skulle kunna öka transparensen och minska risken för bedrägerier. CBDC:s skulle också kunna underlätta för personer som inte har tillgång till traditionella bankkonton att delta i det finansiella systemet.

Det finns dock också vissa utmaningar och frågor som måste lösas innan CBDC:s kan lanseras. Till exempel skulle det finnas behov av att säkerställa skyddet av personlig information och integritet, liksom behov av att hantera tekniska frågor som skalbarhet och interoperabilitet mellan olika CBDC-system.

Kapitel 16: Så fungerar en lösenordsfras

En lösenordsfras, även kallad "passphrase", är en längre sträng av ord som används som lösenord för att skydda konton, datorer och annan elektronisk utrustning. En lösenordsfras fungerar på samma sätt som ett lösenord, men med en viktig skillnad: en lösenordsfras består av flera ord istället för en enda. Detta gör det svårare för hackare att gissa eller dekryptera lösenordet.

En lösenordsfras kan bestå av en slumpmässig kombination av ord, men det är viktigt att orden är lätta att komma ihåg. En vanlig metod för att skapa en lösenordsfras är att använda en kombination av ord som inte har någon relation till varandra, men som är lätta att komma ihåg. Till exempel "iron horse stable bicycle", som är en vanlig lösenordsfras som används av många människor.

Ibland tilldelas du en speciell uppsättning med ord, det gäller att komma ihåg den uppsättningen, eftersom det är livlinan till dina tillgångar om tekniken får problem. Skriv ned dem på papper och göm pappret från utomstående.

Traditionella lösenord

För att öka säkerheten för ett lösenord kan du använda siffror, specialtecken eller mixa stora och små bokstäver i orden.

Det är också viktigt att komma ihåg att ett lösenord inte bör återanvändas för flera olika konton eller tjänster. Om du använder samma lösenord för flera konton kan det öka risken för att ditt konto blir hackat. Därför är det viktigt att skapa en unik lösenordsfras för varje konto eller tjänst som du använder.

Här är fyra tips om lösenordsfraser som kan hjälpa till att skapa säkrare lösenord:

1. **Använd minst fem ord**: Fler ord i lösenordsfrasen ökar komplexiteten och gör det svårare för hackare att gissa eller bruteforca lösenordet. Försök att använda minst fem ord i din lösenordsfras.
2. **Undvik vanliga fraser**: Vanliga fraser som "jag älskar dig" eller "vad är klockan" är lätt att gissa. Försök att välja slumpmässiga ord eller fraser som inte har någon relation till varandra.
3. **Mixa stora och små bokstäver**: Att blanda stora och små bokstäver gör det svårare för hackare att gissa eller bruteforca lösenordsfrasen. Se till att mixa stora och små bokstäver på ett slumpmässigt sätt.

4. **Lägg till siffror och specialtecken:** Att lägga till siffror och specialtecken kan öka säkerheten för din lösenordsfras ytterligare. Försök att inkludera siffror och specialtecken på ett slumpmässigt sätt.

Kapitel 17: Allt om KYC (Know Your Customer)

KYC (Know Your Customer) är en process som används av finansiella institutioner och andra organisationer för att identifiera och verifiera identiteten på deras kunder. KYC-processen är en del av förebyggande av penningtvätt (AML) och finansiering av terrorism (CFT) och är viktig för att säkerställa att organisationer inte är inblandade i olagliga aktiviteter.

Under KYC-processen krävs att kunderna lämnar in dokument som bekräftar deras identitet och andra relevanta uppgifter. Detta kan inkludera personliga uppgifter som namn, adress och födelsedatum, samt bevis på identitet som pass eller körkort. Organisationen kan också genomföra en bakgrundskontroll för att säkerställa att kunden inte har några kopplingar till brottslig verksamhet.

KYC-processen är obligatorisk för många finansiella institutioner, såsom banker, mäklare och försäkringsbolag, och används också inom andra branscher som exempelvis kryptobörsar och spelindustrin. Syftet med KYC-processen är att minska risken för bedrägeri, penningtvätt och finansiering av terrorism, och att följa lagstiftningen och reglerna inom de olika branscherna.

När man genomför en KYC (Know Your Customer) process, är det viktigt att tänka på följande:

Säkerhet: Säkerhet är en viktig faktor att tänka på när man genomför KYC-processen. Organisationen som genomför processen bör säkerställa att de använder säkra metoder för att samla in och hantera kundens personliga information. Det är också viktigt att organisationen skyddar kundens information från obehörig åtkomst och användning.

Noggrannhet: Det är viktigt att organisationen är noggrann när de samlar in och verifierar kundens information. Felaktiga uppgifter kan leda till problem senare i processen och kan öka risken för bedrägeri och olagliga aktiviteter.

Lagstiftning och regler: Organisationen bör ha en klar förståelse för lagar och regler som styr KYC-processen. Det är viktigt att följa alla relevanta lagar och regler för att undvika juridiska problem.

Dokumentation: Organisationen bör dokumentera hela KYC-processen för att ha bevis på att de har genomfört processen korrekt. Dokumentationen kan också användas som bevis vid en eventuell utredning av brott.

Kundkommunikation: Det är viktigt att organisationen kommunicerar med kunden om KYC-processen och varför den är nödvändig. Organisationen bör också informera kunden om hur deras personliga information kommer att användas och skyddas.

Tid: KYC-processen kan ta tid och det är viktigt att ha tålamod när man genomför den. Det är också viktigt att ha en tydlig tidsplan och kommunicera den till kunden så att de vet vad som förväntas av dem under processen.

För att göra en komplett KYC på någon kryptoexchange krävs vanligtvis följande dokument:

1. **En giltig legitimation eller pass:** Detta är det mest grundläggande dokumentet som används för att verifiera identiteten på användaren. Kryptobörsen kommer att be om en kopia av din legitimation eller pass för att bekräfta din identitet.

2. **Adressbevis:** Kryptobörsen kan också be om ett bevis på din adress, som en faktura från ett elbolag eller en telefonräkning. Detta är för att bekräfta att din adress är korrekt och att du är bosatt där du påstår.

3. **Selfie med legitimation:** Vissa kryptobörser kan be om att du tar en selfie med din legitimation eller pass som du lämnat in. Detta gör det möjligt för kryptobörsen att bekräfta att det verkligen är du som är ägaren av dokumentet.

4. **Bankutdrag eller kreditkortsuppgifter:** Kryptobörsen kan också be om dina bankuppgifter eller kreditkortsinformation. Detta kan vara för att bekräfta att du har tillräckligt med pengar på ditt konto för att genomföra transaktioner på kryptobörsen.

Det är viktigt att notera att olika kryptobörser kan ha olika krav på dokumentation för KYC-processen. Därför bör du alltid kontrollera vilka dokument som krävs av en specifik kryptobörs innan du påbörjar processen. Vissa platser har börjat använda sig av BankID för KYC och genomför automatisk adresskontroll genom det.

Kapitel 18: Brave webbläsare och krypto

Brave browser är en webbläsare med fokus på integritet som ger en säker och privat webbläsarupplevelse. En av dess viktigaste funktioner är dess integration med olika kryptovaluta-funktioner, såsom:

Brave Rewards: Detta är en funktion som gör det möjligt för användare att tjäna kryptovalutan Basic Attention Token (BAT) genom att titta på annonser i webbläsaren. Användare kan sedan använda dessa tokens för att stödja sina favorit-innehållsskapare eller för att få tillgång till premiuminnehåll.

Kryptovaluta-plånböcker: Brave har också inbyggd support för kryptovaluta-plånböcker, inklusive Ethereum-plånböcker, vilket gör det möjligt för användare att säkert lagra, hantera och använda sin kryptovaluta direkt i webbläsaren.

Decentraliserade appar (dApps): Brave stödjer decentraliserade appar som bygger på blockkedjeteknik. Dessa dApps gör det möjligt för användare att få tillgång till olika tjänster och produkter på ett decentraliserat sätt, utan att förlita sig på en centraliserad auktoritet.

Här är några fördelar med Brave Webbläsare:

1. **Blockerar annonser:** Brave Browser har inbyggd adblocker som blockerar annonser och trackers som spårar din aktivitet på nätet. Detta kan öka webbläsarens hastighet och minska distraktioner.

2. **Skyddar din integritet:** Brave Browser skyddar din integritet genom att blockera spårningskakor och skydda din data från tredje part. Detta kan minska risken för att din personliga information hamnar i fel händer.

3. **Belönar användare:** Brave Browser har en inbyggd belöningssystem där användare kan tjäna BAT-tokens genom att titta på annonser som de själva väljer att se. Användare kan sedan använda dessa tokens för att stödja innehållsskapare och webbplatser.

4. **Ökad hastighet:** Brave Browser använder en teknik som kallas "Brave Shields" för att blockera annonser och trackers, vilket kan förbättra hastigheten på webbläsaren. Dessutom använder Brave Browser ett distribuerat nätverk som kan ladda webbsidor snabbare än andra webbläsare.

5. **Enkelhet:** Brave Browser är lätt att använda och har en ren och intuitiv design. Det har också en mängd användbara funktioner som bokmärken, flikhantering och snabbtangenter.

Kapitel 19: Så fungerar en hårdvaruplånbok

En hårdvaruplånbok, även känd som en "Hardware wallet", är en fysisk enhet som används för att lagra kryptovalutor. Den ser ungefär ut som ett USB-minne, och fungerar på samma sätt som en vanlig plånbok, men istället för att lagra fysiska pengar så lagrar den digitala kryptovalutor. En hårdvaruplånbok fungerar genom att lagra den privata nyckeln som används för att få tillgång till kryptovalutan. Privata nycklar är en typ av kryptografisk kod som används för att säkerställa att bara ägaren av kryptovalutan kan använda den.

För att använda en hårdvaruplånbok, ansluter du den till en dator eller mobil enhet via en USB-port eller trådlös anslutning. När du har anslutit enheten, kommer du att bli ombedd att skriva in din PIN-kod eller autentiseringsfaktor (beroende på modellen av hårdvaruplånboken). Efter det kan du överföra kryptovalutor till och från enheten, och se saldo och transaktionshistorik. En av de främsta fördelarna med en hårdvaruplånbok är att den ger en hög nivå av säkerhet. Eftersom den privata nyckeln lagras på enheten, är den mindre sårbar för hackerattacker än en mjukvaruplånbok som lagrar den på en dator eller mobil enhet. Det är viktigt att komma ihåg att hårdvaruplånböcker kan vara kostsamma, men de kan vara en bra investering för personer som hanterar stora mängder kryptovalutor eller som vill ha en hög nivå av säkerhet när de lagrar sin kryptovaluta. Det finns flera olika hårdvaruplånböcker (kryptowallets) som är tillgängliga på marknaden.

Här är några exempel på populära hårdvaruplånböcker:

Trezor: Trezor är en av de mest populära hårdvaruplånböckerna på marknaden. Det är en liten enhet som är lätt att använda och erbjuder hög säkerhet. Trezor stöder flera olika kryptovalutor, inklusive Bitcoin, Ethereum och Litecoin.

Ledger Nano S: Ledger Nano S är en annan populär hårdvaruplånbok som stöder många olika kryptovalutor. Den har en enkel och intuitiv gränssnitt och erbjuder också hög säkerhet.

KeepKey: KeepKey är en annan populär hårdvaruplånbok som har en stor och lättläst skärm. Det stöder flera olika kryptovalutor, inklusive Bitcoin, Ethereum, Litecoin och många andra.

BitBox: BitBox är en högsäker hårdvaruplånbok som är utvecklad i Schweiz. Den har en enkel och intuitiv gränssnitt och stöder flera olika kryptovalutor.

Coldcard: Coldcard är en kryptowallet som är utformad för att vara extra säker. Den använder sig av flera olika säkerhetsfunktioner för att skydda kryptovalutan och erbjuder också en enkel och lättanvänd gränssnitt.

Priset på en hårdvaruplånbok kan variera beroende på faktorer som tillverkare, funktionalitet, kryptovalutor som stöds och andra faktorer. Generellt sett varierar priset mellan från cirka 500 kr till cirka 2000 kr eller ännu mer. En del tillverkare erbjuder också premiummodeller som kan kosta upp till 3000 - 4000 kr eller mer. Det är viktigt att notera att en hårdvaruplånbok kostar pengar, medan de flesta mjukvaruplånböcker är gratis. Men det kan vara värt investeringen eftersom hårdvaruplånböcker ger en högre nivå av säkerhet för dina kryptovalutor.

När man använder en hårdvaruplånbok för att lagra sina kryptovalutor så finns det några viktiga faktorer att tänka på:

Säkerhet: En hårdvaruplånbok är en säkrare lösning för att lagra dina kryptovalutor jämfört med en mjukvaruplånbok. Men det är fortfarande viktigt att vidta åtgärder för att skydda enheten från stöld eller förlust. Se till att lagra enheten på en säker plats och att skydda den med en stark lösenord eller PIN-kod.

Upplåsning: För att kunna använda hårdvaruplånboken behöver du låsa upp den med hjälp av en PIN-kod eller autentiseringsfaktor. Se till att inte dela denna information med någon och att välja en PIN-kod som är svår att gissa.

Backup: Om du förlorar eller skadar din hårdvaruplånbok, kan du förlora tillgången till dina **kryptovalutor**. Det är därför viktigt att göra regelbundna backup-kopior av din hårdvaruplånbok så att du kan återställa din plånbok om något händer med enheten.

Kompatibilitet: Innan du köper en hårdvaruplånbok, se till att den är kompatibel med de kryptovalutor du vill lagra. Det finns olika hårdvaruplånböcker som stöder olika kryptovalutor, så se till att välja en som passar dina behov.

Uppdateringar: Hårdvaruplånböcker uppdateras regelbundet för att åtgärda säkerhetsproblem och andra problem. Se till att hålla din plånbok uppdaterad med de senaste programvaruuppdateringarna för att minska risken för säkerhetsproblem eller andra problem.

Om du förlorar din hårdvaruplånbok eller om den blir stulen, kan det vara svårt eller omöjligt att återställa din plånbok och få tillgång till dina kryptovalutor. Detta beror på att kryptovalutor lagras i form av en privat nyckel som bara du har tillgång till, och om du inte kan återställa denna nyckel, kan du inte få tillgång till dina kryptovalutor.

Det är därför det är så viktigt att göra regelbundna backup-kopior av din hårdvaruplånbok, så att du kan återställa din plånbok om du skulle förlora eller skada enheten. När du gör en backup-kopia av din hårdvaruplånbok, sparar du en kopia av din privata nyckel på ett säkert ställe, som du kan använda för att återställa din plånbok om något händer med enheten.

Om du inte har gjort en backup-kopia av din hårdvaruplånbok och du förlorar enheten eller om den blir stulen, kan det vara svårt att återställa din plånbok. Vissa hårdvaruplånböcker har dock alternativ för att återställa enheten med hjälp av seed-fraser eller återställningsfraser. En seed-fras är en serie ord som skapas när du först konfigurerar din plånbok, och du kan använda denna fras för att återställa din plånbok på en ny enhet om du skulle förlora eller skada din befintliga enhet.

Kapitel 20: Så skapas mynt med majning

Kryptomajning eller gruvdrift (Engelska: Mining) är processen för att skapa nya enheter av en kryptovaluta genom att validera transaktioner och lösa avancerade matematiska problem. Genom att delta i denna process med en vanlig dator eller annan enhet, kan personer erhålla kryptovaluta som ersättning för sin deltagande. Numera krävs det dock ganska mycket av datorerna, så det är inte bara att ha en dator och tro att man kommer generera mycket pengar.

Tänk på att skatteverket bara beskattar mining som hobby, om du inte majnar fler än 25 bitcoin per år.

Kryptomajning fungerar genom att nätverket av datorer som använder en specifik kryptovaluta arbetar tillsammans för att validera transaktioner och skapa nya block av transaktionsdata. Datorerna som deltar i kryptomajning används för att utföra beräkningar och lösa avancerade matematiska problem för att verifiera transaktioner och skapa nya block. Denna process är väsentligen en konkurrens mellan olika datorer på nätverket. Den första datorn som löser det matematiska problemet för att skapa det nya blocket belönas med en viss mängd kryptovaluta som ersättning för sin deltagande i kryptomajning.

För att delta i kryptomajning behöver man vanligtvis en dator med tillräcklig kraft för att utföra beräkningarna som krävs för att delta i processen. Detta kan kräva en betydande investering i hårdvara och energi, eftersom processen för att skapa nya block och tjäna kryptovaluta kan vara mycket resurskrävande. Det finns också en viss grad av risk som är associerad med kryptomajning, eftersom valutans värde kan variera dramatiskt på kort tid. Det är därför viktigt att göra noggranna beräkningar och utvärdera riskerna och fördelarna innan man bestämmer sig för att delta i kryptomajning.

Nya mynt skapas genom kryptomajning genom en process som kallas för "Proof of Work" (PoW). Genom att delta i kryptomajning kan användare hjälpa till att validera transaktioner och säkra nätverket, samtidigt som de belönas med en viss mängd nya mynt. Processen börjar med att transaktioner skickas till nätverket och samlas i en "mempool". Nätverket väljer sedan en del av transaktionerna som ska valideras och läggs till i nästa block. För att skapa nästa block måste majnarna lösa ett matematiskt problem genom att använda en dator och dess beräkningskraft. Problemet som måste lösas är utformat för att vara mycket svårt att lösa, men lätt att verifiera när det väl är löst.

Datorn som löser problemet först, och därmed skapar det nya blocket, belönas med en viss mängd nya mynt.

Belöningen för att skapa nya block varierar mellan olika kryptovalutor och kan minska över tiden, som en del av kryptovalutans ekonomiska modell. Detta görs för att kontrollera inflödet av nya mynt och för att undvika inflation. Efter att det nya blocket har skapats och verifierats av nätverket, läggs det till i blockkedjan, en distribuerad databas som lagrar alla transaktioner som gjorts på kryptovalutan. Genom att lägga till det nya blocket i blockkedjan valideras alla transaktioner som ingår i blocket och kryptomajnare som hjälpte till att skapa blocket belönas med nya mynt. Detta är i grund och botten hur nya mynt skapas genom kryptomajning. Processen för att skapa nya mynt kan vara mycket konkurrenskraftig och resurskrävande, men kan också vara lönsam för dem som har tillräckligt med beräkningskraft och deltar i kryptomajning på rätt sätt. Lönsamheten med kryptomajning beror på flera faktorer, inklusive vilken kryptovaluta som ska brytas, hårdvarukostnader, energikostnader och svårighetsgraden för att bryta blocket.

Svårighetsgraden ökar

Under de senaste åren har kryptomajning blivit allt mer konkurrenskraftigt eftersom allt fler personer har börjat delta i processen, vilket har lett till att svårighetsgraden har ökat och därmed också minskat lönsamheten. Priset på kryptovalutor har också visat sig vara mycket volatilt, vilket kan göra det svårt att förutsäga vilken avkastning du kan förvänta dig från din kryptomajning. Trots detta kan kryptomajning fortfarande vara lönsamt för vissa användare, särskilt om de har tillgång till billig el och effektiv hårdvara. Det kan också vara lönsamt att delta i kryptomajning av mindre kända eller nya kryptovalutor som har lägre svårighetsgrad, eftersom det kan vara lättare att bryta block och tjäna nya mynt.

Molnbrytning

Det kan också vara en god idé att se över alternativ som molnbrytning (Engelska: Cloud Mining) där du kan hyra hårdvara och vara med och majna utan att behöva investera i din egen utrustning. Elkostnaden är en viktig faktor att överväga när du bedömer lönsamheten av kryptomajning. Eftersom kryptomajning är en mycket resurskrävande process som kräver mycket energi för att driva datorer och hårdvara, kan elkostnader utgöra en betydande del av de totala kostnaderna för att bryta kryptovalutor. Elkostnaden beror på flera faktorer, inklusive var du bor och din elförsörjningskälla. Om du bor i ett område med höga elkostnader eller använder en energikälla som är dyr, kan det minska lönsamheten av din kryptomajning. Å andra sidan, om du bor i ett område med låga elkostnader eller använder en billig energikälla, kan det öka lönsamheten.

För att beräkna elkostnaden för din kryptomajning, behöver du ta reda på den totala mängden energi som används av din kryptomajningsutrustning och sedan multiplicera den med elkostnaden per kilowattimme (kWh). Detta ger dig en uppskattning av dina totala elkostnader för kryptomajning. Om elkostnaden är högre än vinsten du får från kryptomajning, kan det inte vara lönsamt att fortsätta bryta kryptovalutor. Omvänd, om vinsten är högre än elkostnaden, kan det vara lönsamt att fortsätta kryptomajning. Kom ihåg att dina elkostnader för mining kan variera beroende på var du bor och vilken typ av energikälla du använder, så det är viktigt att göra dina egna beräkningar och utvärdera de specifika förhållandena i ditt område.

Hårdvaran som krävs för att bryta (mining) kryptovalutor varierar beroende på vilken kryptovaluta det gäller. Vissa valutor använder ASICs (Application Specific Integrated Circuits) som är specialiserade datorchips som är optimerade för just den valutan, medan andra valutor kan brytas med vanliga datorer eller grafikkort.

Här är några exempel på hårdvara som kan behövas för att bryta vissa av de vanligaste kryptovalutorna:

Bitcoin (BTC) - För att bryta Bitcoin effektivt krävs specialiserad hårdvara som ASIC-chips som är optimerade för Bitcoin-mining.

Ethereum (ETH) - Ethereum kan brytas med grafikkort (GPU) som är optimerade för att hantera den specifika typen av matematiska problem som Ethereum använder.

Litecoin (LTC) - Litecoin kan brytas med både GPU och ASIC-hårdvara.

Monero (XMR) - Monero är utformad för att brytas med vanliga datorer och processorer (CPU).

En annan intressant sak att notera är att för närvarande återstår endast lite över två miljoner Bitcoins att skapa. Det tar ungefär 10 minuter att hitta en Bitcoin-block (som behövs för att genomföra transaktioner), och belöningen just nu är 6.25 Bitcoins. Men att hitta ett block är svårt, vilket är anledningen till att människor går samman i gruvpooler och delar på belöningen. För närvarande (juni 2023) är denna belöning värd drygt 170.000 dollar var tionde minut.

Tänk på att vi befinner oss i början av krypto-eran, och framför oss har vi en spännande framtid fylld av teknologins under. På samma sätt som införandet av pengar istället för guld innebar en förändring i människors vanor, så är det nu ett tankesätt som kommer att segra.

Halvering av belöningen

Halveringen av bitcoin-mining skedde senast den 11 maj 2020, vilket var den tredje halveringen i bitcoin-historien. Nästa planerade halvering kommer att ske vid block 725.000 efter ungefär 4 år från den senaste halveringen, vilket innebär att det kommer att ske någon gång runt April eller Maj 2024. En halvering sker när belöningen för att bryta en ny block i bitcoin-nätverket halveras. Belöningen är för närvarande 6,25 BTC per block efter den senaste halveringen. När nästa halvering sker kommer belöningen att halveras till 3,125 BTC per block. Halveringar sker för att begränsa utbudet av nya bitcoins som skapas och för att upprätthålla inflationen på en förutsägbar nivå. Detta är en viktig del av bitcoin-protokollet, som garanterar att det inte kommer att finnas mer än 21 miljoner bitcoins i omlopp någonsin.

Det finns några välkända sajter som många människor använder sig av för kryptominings, såsom:

NiceHash - En av de största sajterna för kryptominings, NiceHash låter användare hyra hashkraft och tjäna kryptovaluta.

MinerGate - MinerGate är en populär miningsajt som erbjuder molnmining för flera olika kryptovalutor.

Genesis Mining - Genesis Mining är en av de äldsta och mest välkända molnminingsajterna, och erbjuder flera olika typer av miningskontrakt.

HashFlare - HashFlare är en annan populär molnminingsajt som erbjuder miningskontrakt för flera olika kryptovalutor.

BitDeer - BitDeer är en molnminingsplattform som låter användare hyra hashkraft för att utvinna flera olika kryptovalutor.

Kapitel 21: Välj rätt handelsplats (exchange)

De 10 största handelsplatserna för kryptovalutor, baserat på handelsvolym, är:

1. Binance: https://www.binance.com/

2. Huobi Global: https://www.huobi.com/

3. Coinbase Pro: https://pro.coinbase.com/

4. Kraken: https://www.kraken.com/

5. Bitfinex: https://www.bitfinex.com/

6. Bithumb: https://www.bithumb.com/

7. Upbit: https://www.upbit.com/

8. OKEx: https://www.okex.com/

9. Bitstamp: https://www.bitstamp.net/

10. KuCoin: https://www.kucoin.com/

Tips!

Ett bra tips är att ha tillgång 2-3 olika handelsplatser så man snabbt kan föra över tillgångar till en annan om du skulle behöva. Det kostar inget att ha konto på en handelsplats. Men tänk på att gå igenom KYC-processen så du är redo att börja handla och framförallt kunna ta ut dina tillgångar när det behövs. Tänk på att vissa valutor finns bara på vissa handelsplatser.

Dessa handelsplatser erbjuder olika funktioner och tjänster för handel med kryptovalutor, inklusive handel med stora kryptovalutor som Bitcoin och Ethereum, liksom mindre kända altcoins. Vissa handelsplatser erbjuder också möjligheten att handla med hävstång (margin trading) eller staking, vilket gör det möjligt för användare att tjäna avkastning på sina kryptovalutor. Det är viktigt att notera att det finns många andra handelsplatser för kryptovalutor tillgängliga, och att varje plattform har sina egna styrkor och svagheter. Det är viktigt att göra noggranna utvärderingar av olika handelsplatser innan man väljer en att använda för handel med kryptovalutor.

Det finns ingen "bästa" handelsplatsen för kryptovalutor, eftersom varje handelsplats har sina egna styrkor och svagheter. Valet av handelsplats beror på dina specifika behov och preferenser, inklusive vilka kryptovalutor du vill handla, vilka funktioner du behöver och vilken typ av handel du vill genomföra.

Det finns flera faktorer som du bör överväga när du väljer en handelsplats för kryptovalutor, inklusive säkerhet, tillförlitlighet, användarvänlighet, tillgängliga funktioner och handelsavgifter. Du bör också undersöka vilka kryptovalutor som stöds av handelsplatsen och vilka länder som är tillåtna att använda plattformen. Att välja rätt handelsplats för kryptovalutor kan vara en utmaning eftersom det finns många handelsplatser tillgängliga och varje plattform erbjuder olika funktioner och tjänster.

Här är några faktorer att överväga när du väljer en handelsplats:

Säkerhet: Säkerheten är avgörande när det gäller kryptovalutor, så se till att välja en handelsplats med höga säkerhetsstandarder, som 2-faktorsautentisering (2FA), krypterad kommunikation och kalla förvaring av kryptovalutor.

Handelsavgifter: De flesta handelsplatser tar ut handelsavgifter, så se till att välja en handelsplats som har rimliga avgifter för de typer av transaktioner du vill genomföra.

Tillgängliga kryptovalutor: Kontrollera vilka kryptovalutor som stöds av handelsplatsen och se till att handelsplatsen har de kryptovalutor som du vill handla.

Användarvänlighet: Se till att välja en handelsplats som är lätt att använda och som har en tydlig och intuitiv gränssnitt.

Tillgängliga funktioner: Om du behöver tillgång till funktioner som hävstångshandel eller staking, se till att handelsplatsen har dessa funktioner.

Tillförlitlighet: Se till att välja en handelsplats som är pålitlig och har ett gott rykte i kryptovärlden.

Stöd för ditt land: Se till att handelsplatsen tillåter användare från ditt land att använda plattformen och handla med kryptovalutor.

Hackade handelsplatser

Här är en översikt över några av största hackningarna av handelsplatser för kryptovalutor (i ordning efter storlek):

Mt. Gox (2014): Mt. Gox var en japansk kryptobörs som hanterade upp till 70% av all bitcoin-handel när den hackades år 2014.

Hackerattacken ledde till att 850 000 bitcoin stals från plattformen (vilket motsvarade cirka 7% av alla bitcoin som existerade vid den tiden). Mt. Gox gick senare i konkurs.

Bitfinex (2016): Bitfinex är en Hong Kong-baserad kryptobörs som hackades år 2016. Angriparna lyckades stjäla 120 000 bitcoin (vilket då motsvarade cirka 72 miljoner dollar). Bitfinex lyckades senare återbetala sina användare och överleva attacken.

Coincheck (2018): Coincheck är en japansk kryptobörs som hackades år 2018. Angriparna stals 523 miljoner NEM-token (vilket då motsvarade cirka 530 miljoner dollar). Det var den största stölden av kryptovalutor någonsin vid den tiden.

Binance (2019): Binance är en global kryptobörs som hackades år 2019. Angriparna stals 7 000 bitcoin (vilket då motsvarade cirka 40 miljoner dollar). Binance lyckades återbetalade användarna och överleva attacken.

KuCoin (2020). KuCoin är en Singapore-baserad kryptobörs som hackades år 2020. Angriparna stal 150 miljoner dollar i kryptovalutor från plattformen. KuCoin lyckades återbetalade användarna och överleva attacken.

Cryptopia. Cryptopia var en kryptobörs som grundades i Nya Zeeland år 2014. Börsen tillhandahöll handel med en mängd olika kryptovalutor och hade en relativt stor och aktiv användarbas. Men i januari 2019 blev Cryptopia hackad, vilket resulterade i förlust av kryptovalutor till ett värde av cirka 16 miljoner dollar. Hackarna lyckades få tillgång till Cryptopias kryptovalutaplånböcker genom att utnyttja en sårbarhet i börsens säkerhetssystem. De stal ett stort antal kryptovalutor, inklusive Bitcoin, Ethereum och en mängd mindre kända kryptovalutor. Efter hacket stängde Cryptopia ner sin webbplats och meddelade att de arbetade med att lösa problemet och återställa kundernas förlorade medel. Men det visade sig att hackarna fortfarande hade tillgång till Cryptopias system och fortsatte att stjäla ytterligare kryptovalutor. Börsen beslutade till slut att gå i konkurs och överlåta sina tillgångar till en likvidator. Det inleddes en omfattande undersökning av Cryptopias säkerhetssystem och skyldigheterna gentemot sina kunder. Det framkom att Cryptopia hade brustit i sina skyldigheter att skydda kundernas medel och att de hade underlåtit att vidta tillräckliga åtgärder för att säkra sin plattform.

Likvidatorn har i skrivande stund ej återbetalat några mynt till de kunder som drabbats.

Kapitel 22: Terra blockkedjeprojekt

Terra är ett blockkedjeprojekt (Engelska: blockchain project) som syftar till att skapa en global betalningsinfrastruktur genom att använda blockchain-teknologi och digitala valutor. Projektet startades av en grupp företagare i Sydkorea år 2018 och har sedan dess expanderat internationellt.

Terra använder en stabilitetsmekanism som kallas för "algorithmic stablecoins" för att skapa en decentraliserad valuta som är knuten till ett visst prisnivå. Målet är att skapa en stabil valuta som kan användas för att genomföra snabba och billiga transaktioner i hela världen. Tyvärr visade det sig finnas fel i algoritmen så de som hade deras "stablecoin" UST förlorade gigantiska värden på grund av att några utnyttjade felaktigheterna. Sen dess har man återskapat nya projekt med samma utvecklare men låtit bli att knyta sig till UST. Luna heter deras valuta. Numera uppdelad i olika valutor i och med kraschen. På de flesta marknadsplatser heter den nya valutan Luna och den gamla döptes om till Luna Classic (Lunc).

Terra-projektet är uppbyggt kring Terra-blockchainen, som är en offentlig blockchain som stöder både smarta kontrakt och snabba transaktioner med hög skalbarhet. Den använder en valideringsmodell som heter Delegated Proof of Stake (DPoS) som gör att användare kan bidra till nätverkets säkerhet och underhåll genom att pantsätta (staking) sina Terra-token.

Terra har också utvecklat flera plattformar och appar som använder deras valuta, inklusive Terra Station, en desktop-plattform för att hantera Terra-token, och Terra Wallet, en mobilapp för att göra snabba och säkra betalningar. Terra har också etablerat partnerskap med flera företag och organisationer, inklusive Binance, Amazon, och kommersiella banker i Sydkorea, för att främja antagandet av deras valuta och infrastruktur. Terra-projektet fortsätter att växa och utvecklas och har potential att påverka betalningsindustrin på ett stort sätt genom att erbjuda en snabb, billig och säker lösning för globala transaktioner.

Under 2023 lanseras ytterligare nyheter inom Terra-plattformen. Det handlar mest om AI-system gör framtiden.

Kapitel 23: Binance smart chain

Binance Smart Chain (BSC) är en blockkedjeteknik som utvecklats av Binance, en av världens största kryptobörser. BSC är en parallellkedja till Binance Chain, men med en inbyggd smart kontraktsfunktionalitet som liknar Ethereum. BSC är en Proof of Stake-baserad blockchain, vilket innebär att dess noder är valda utifrån sin tokeninnehav och inte deras datorkraft (som i Proof of Work). Detta gör BSC mer energieffektiv än andra Proof of Work-baserade blockkedjetekniker. BSC har också ett system av validatorer som validerar transaktioner och tilldelar belöningar i Binance Coin (BNB), vilket är Binance-plattformens inhemska kryptovaluta. Detta skapar en ekonomisk stimulans för att delta i valideringsprocessen och säkerställer att nätverket fungerar smidigt. En av fördelarna med BSC är dess interoperabilitet med Ethereum. BSC har en Ethereum Virtual Machine (EVM) som gör att utvecklare kan portera sina befintliga Ethereum-baserade smarta kontrakt till BSC med minimala anpassningar. Detta gör att BSC kan dra nytta av det stora utvecklarekommunitetet som redan finns på Ethereum.

BSC stöder också tokeniserade tillgångar (t.ex. stablecoins) och likviditetspooler, vilket gör att användare kan byta kryptovalutor på

BSC-nätverket med minimala avgifter och hög hastighet. Binance Smart Chain är en populär blockkedjeteknik för DeFi (Decentralized Finance) applikationer och projekt, på grund av dess höga genomströmning, låga transaktionsavgifter och kompatibilitet med Ethereum. Binance Smart Chain (BSC) och Ethereum (ETH) har båda sina unika fördelar och nackdelar, och valet mellan de två beror på användningsfall och preferenser. Här är några av de fördelar som BSC har gentemot Ethereum:

Låga transaktionsavgifter: BSC har betydligt lägre transaktionsavgifter än Ethereum. Detta gör att användare kan genomföra fler transaktioner och interagera med smarta kontrakt på ett mer kostnadseffektivt sätt.

Hög genomströmning: BSC kan hantera betydligt fler transaktioner per sekund än Ethereum, vilket gör det till ett bättre val för applikationer som kräver hög genomströmning.

Interoperabilitet med Ethereum: BSC är kompatibel med Ethereum Virtual Machine (EVM), vilket gör att befintliga Ethereum-baserade smarta kontrakt kan porteras till BSC med minimala anpassningar. Detta gör att utvecklare kan dra nytta av de stora utvecklarkomponenter som redan finns på Ethereum.

Enklare utveckling: BSC har ett enklare utvecklingsgränssnitt och enklare verktygskit än Ethereum, vilket gör det lättare för utvecklare att skapa smarta kontrakt och applikationer på plattformen.

Binance-ekosystemet: BSC är en del av Binance-ekosystemet, vilket ger användare tillgång till Binance-börsernas likviditetspooler och handelsverktyg. Detta kan göra det enklare för användare att handla och utbyta kryptovalutor på plattformen.

Det är viktigt att notera att Ethereum har sina egna unika fördelar, som till exempel en mer etablerad ekosystem och en bredare användarkrets. Valet mellan BSC och Ethereum beror på användningsfall och preferenser, och det finns inget "bästa" alternativet.

Kapitel 24: Pancakeswap

Pancakeswap är en decentraliserad kryptovaluta-börs (DEX) som bygger på Binance Smart Chain. Börsen använder ett automatiskt marknadsföringssystem (AMM) för att göra det möjligt för användare att handla olika kryptovalutor med varandra. Url: *https://pancakeswap.finance/*

Här är hur man kan använda PancakeSwap:

1. **Anslutning av plånbok**: För att använda PancakeSwap måste du ansluta en kryptovaluta-plånbok som stöds, till exempel MetaMask. När du har anslutit din plånbok till PancakeSwap kan du se dina kryptovaluta-saldon.

2. **Handel**: När du har anslutit din plånbok till PancakeSwap kan du börja handla. Du kan antingen använda befintliga kryptovalutor i din plånbok eller köpa nya kryptovalutor från PancakeSwap. För att köpa en kryptovaluta kan du välja det önskade myntparet och ange beloppet som du vill köpa. Ett exempel på ett myntpar är BNB/USDT där BNB är Binance Coin och USDT är Tether.

3. **Tillägg av likviditet**: Du kan också tillföra likviditet på PancakeSwap genom att lägga till likviditet till ett befintligt myntpar. Genom att tillföra likviditet kan du tjäna på handelsavgifter som betalas av de som handlar på det myntparet du bidrar till.

4. **Utnyttjande av AMM**: PancakeSwap använder ett automatiskt marknadsföringssystem (AMM) för att automatiskt matcha köpare och säljare utan behov av en orderbok. Detta betyder att du kan handla kryptovalutor på ett decentraliserat sätt utan att behöva lita på en centraliserad auktoritet.

Sammanfattningsvis är PancakeSwap en decentraliserad kryptovaluta-börs som använder ett automatiskt marknadsföringssystem (AMM) för att låta användare handla kryptovalutor med varandra. Genom att ansluta en kryptovaluta-plånbok och tillföra likviditet på plattformen, kan användare köpa och sälja olika kryptovalutor på ett decentraliserat och säkert sätt. I och med att den är helt decentraliserad så är det väldigt svårt om inte omöjligt att få hjälp om något går snett vid transaktioner eller liknande. Se upp för vissa tokens som är scam-tokens.

Kapitel 25: Uniswap

Uniswap är en decentraliserad kryptovalutabörs som bygger på Ethereum-blockchainen. Det lanserades för första gången i november 2018 och har sedan dess blivit en av de mest populära och använda decentraliserade börsarna på Ethereum-nätverket. En av de unika funktionerna på Uniswap är dess användning av automatiserad marknadstillverkning (AMM), vilket innebär att det inte finns någon centraliserad orderbok där användare kan lägga in köp- och säljordrar. Istället använder Uniswap en algoritm för att automatiskt fastställa priset på en kryptovaluta baserat på utbud och efterfrågan på plattformen.

När en användare vill handla en kryptovaluta på Uniswap, behöver de inte hitta en motpart som vill handla den mot samma pris. Istället betalar de en transaktionsavgift och lägger in sin kryptovaluta i en likviditetspool. Andra användare kan sedan handla med den kryptovalutan mot en annan valuta som också finns i poolen. En av fördelarna med Uniswap är dess tillgänglighet för alla. Det finns inga krav på registrering eller verifiering, vilket gör det enkelt för användare att komma igång med handel. Dessutom är det en öppen plattform, vilket innebär att vem som helst kan bidra till dess utveckling och användning.

Uniswap är också en av de mest likvida börsarna på Ethereum-nätverket, med en ständigt växande pool av likviditet för många av de mest populära kryptovalutorna. Detta innebär att det är lättare att hitta en motpart för handel och att handelsvolymerna på plattformen är höga.

En annan fördel med Uniswap är dess potential för nya projekt att enkelt noteras på börsen utan att behöva gå igenom en centraliserad börs eller genomgå en noggrann granskningsprocess. Detta gör det enklare för mindre projekt att få tillgång till en bredare användarbas och ökar också möjligheterna för decentraliserade projekt att växa och utvecklas.

Det finns dock också vissa nackdelar med Uniswap. En av de största är dess höga transaktionsavgifter, som kan göra det dyrt att handla mindre belopp av kryptovalutor. Dessutom är plattformen utsatt för likviditetsproblem när det gäller mindre kryptovalutor, vilket kan göra det svårt att hitta en motpart för handel.

Kapitel 26: Så fungerar smarta kontrakt

Ett smart kontrakt inom kryptovärlden utgör grunden för nästan allt som sker, och är en typ av självstyrande programvara som körs på en blockchain. Alla smarta kontrakt är öppna och finns att beskåda för vem som helst. Smarta kontrakt används för att automatiskt genomföra transaktioner eller avtal när vissa villkor uppfylls, vilket eliminerar behovet av en mellanman eller tredje part för att verifiera och genomföra avtalet. Ett smart kontrakt är programmerat för att utföra en specifik uppgift baserat på fördefinierade regler och villkor, vilket innebär att det är självutövande och självständigt. Detta gör det möjligt att säkra en överenskommelse eller en transaktion utan att behöva lita på en tredje part eller central auktoritet. Ett exempel på ett smart kontrakt inom kryptovaluta kan vara en Initial Coin Offering (ICO), vilket är en form av crowdfunding för att finansiera nya projekt inom kryptovärlden. Ett smart kontrakt kan användas för att utfärda nya token (digitala tillgångar) i utbyte mot andra kryptovalutor som Bitcoin eller Ethereum.

Det smarta kontraktet kan ställa in villkor för ICO: n, till exempel ett minsta finansieringsmål som måste uppnås för att projektet ska genomföras. När målet har uppnåtts kan smarta kontraktet automatiskt fördela de insamlade pengarna till projektets utvecklare och utställare av token.

Det smarta kontraktet kan också hantera utbetalning av token till investerarna och specificera eventuella bonusar eller rabatter beroende på hur mycket de investerar eller när de investerar. Detta kan öka investerarnas förtroende och minska risken för bedrägeri genom att förhindra att utvecklare eller utställare tar emot pengar utan att leverera sina löften.

Genom att använda smarta kontrakt i ICO: er kan processen effektiviseras och förbättras, vilket kan bidra till att öka antalet lyckade projekt inom kryptovärlden.

Exempelkod på ett smartkontrakt

```solidity
pragma solidity ^0.8.0;

contract TokenSwap {

    address public tokenAddress;

    uint public tokenAmount;

    address public recipientAddress;
```

```solidity
    uint public etherAmount;

    constructor(address _tokenAddress, uint _tokenAmount, address _recipientAddress, uint _etherAmount) {

        tokenAddress = _tokenAddress;

        tokenAmount = _tokenAmount;

        recipientAddress = _recipientAddress;

        etherAmount = _etherAmount;

    }


    function executeTokenSwap() public payable {

        require(msg.value == etherAmount, "Incorrect Ether amount");

        require(IERC20(tokenAddress).transferFrom(msg.sender, recipientAddress, tokenAmount), "Token transfer failed");

    }
```

}

I det här exemplet har kontraktet fyra variabler som definieras i konstruktorn: tokenAddress är adressen för den token som ska bytas, tokenAmount är mängden token som ska bytas, recipientAddress är adressen för mottagaren av token, och etherAmount är mängden Ether som krävs för bytet.

Funktionen executeTokenSwap() körs när en användare vill byta Ether mot token. Användaren måste skicka exakt samma mängd Ether som specificerats i konstruktorn, annars kommer transaktionen att misslyckas. När Ether har tagits emot, överförs den specificerade mängden token till recipientAddress.

Detta är bara ett enkelt exempel på ett smart kontrakt, och det finns många olika typer av smarta kontrakt som kan skapas med olika funktioner beroende på behoven.

Felande Smarta kontrakt och "Rug pull"

Rug pull är en typ av bedrägeri som kan förekomma i kryptovalutavärlden, där en person eller grupp av personer säljer stora mängder av en kryptovaluta och orsakar en snabb nedgång i priset. Därefter lämnar de marknaden och tar med sig pengarna, vilket lämnar andra investerare med stora förluster. Rug pull kan ske på olika sätt. En vanlig metod är att skapa och marknadsföra en ny kryptovaluta som har en falsk eller obefintlig produkt bakom sig. När investerare köper in i projektet och valutan börjar stiga i värde, kan de som skapat valutan sälja av sina andelar och ta ut pengarna medan priset är högt. De lämnar sedan marknaden, vilket kan orsaka en kraftig nedgång i priset på valutan och göra att andra investerare förlorar pengar.

En annan metod är att skapa en likviditetspool (LP) på en decentraliserad utbyte (DEX) där en person eller grupp av personer kontrollerar majoriteten av LP. Sedan kan de sälja en stor mängd av den kryptovalutan som stöds av LP, vilket orsakar en snabb nedgång i priset. När andra investerare försöker sälja sin kryptovaluta i utbytet, är det inte tillräckligt med likviditet och de kan inte sälja till det önskade priset, vilket lämnar dem med stora förluster.

DAO står för Decentralized Autonomous Organization, vilket är en typ av organisation som drivs av smarta kontrakt på en blockchain och därmed är decentraliserad och självstyrande. DAO:er är utformade för att fungera utan behov av centraliserade myndigheter eller mellanhänder, vilket gör att beslutsfattande och verksamhet kan ske direkt mellan deltagarna i nätverket.

I en DAO kan medlemmarna rösta om beslut och styra organisationens verksamhet genom att använda sin röstvikt som motsvarar sin ägandeandel i organisationen. DAO:er har använts för olika ändamål, inklusive investeringar, styrning av projekt och gemensamma förmåner, och de är en viktig del av den bredare krypto- och blockchain-ekosystemet.

Kapitel 27: Web 3 och DApps

Web3 är en term som används för att beskriva den nästa generationens internet, där kryptovalutor, blockchain-teknologi och *decentraliserade applikationer (DApps)* spelar en central roll. Web3 syftar till att skapa en mer decentraliserad, självstyrande och öppen internetplattform, där användare kan interagera med varandra och med digitala tillgångar på ett mer direkt och säkert sätt. Web3 bygger på blockchain-teknologi och distribuerade ledgertekniker som gör det möjligt att skapa decentraliserade applikationer, där data och transaktioner lagras på ett transparent och säkert sätt på en blockchain. Detta gör det möjligt för användare att interagera med DApps och digitala tillgångar utan att behöva lita på en centraliserad tredjepart, vilket ger större frihet, säkerhet och självbestämmande. Web3 inkluderar också utvecklingen av kryptovalutor och tokenisering av tillgångar, vilket gör det möjligt för användare att äga och handla med digitala tillgångar på ett decentraliserat och globalt sätt. Kryptovalutor som Bitcoin och Ethereum är exempel på digitala tillgångar som bygger på Web3-teknologi och som används för att lagra och överföra värde mellan användare på ett decentraliserat sätt. Web3 har också potentialen att påverka andra områden som finans, rättvisa, sjukvård, röstning och mycket mer. Genom att skapa en mer öppen och decentraliserad internetplattform kan Web3-teknologi bidra till att skapa en mer jämlik och rättvis samhällelig utveckling och minska beroendet av centraliserade institutioner.

Moralis Web3 är en plattform för att bygga DApps (decentraliserade applikationer) som är baserade på Web3-teknologi och som använder smarta kontrakt på en blockchain. Plattformen erbjuder utvecklare en komplett utvecklingsmiljö för att skapa, testa och distribuera DApps på en snabb och enkel sätt. Moralis Web3 inkluderar en mängd olika funktioner och verktyg som gör det enkelt för utvecklare att skapa och hantera DApps. Plattformen erbjuder till exempel en integrerad molntjänst för att hantera backend-funktionalitet, vilket innebär att utvecklare inte behöver bygga och underhålla en egen backend-infrastruktur. Moralis Web3 har också integrerat många av de mest använda blockchain-teknologierna, inklusive Ethereum, Binance Smart Chain och Polygon (tidigare Matic), vilket ger utvecklare en stor flexibilitet i att välja den blockchain som passar bäst för deras DApp-projekt. En annan viktig aspekt av Moralis Web3 är plattformens fokus på säkerhet. Genom att erbjuda en säkerhetsinfrastruktur och integrerade verktyg för att hantera säkerhetshot och sårbarheter kan utvecklare bygga säkrare och mer pålitliga DApps som är mindre benägna att drabbas av säkerhetsproblem och cyberattacker. Moralis Web3 har också en stark gemenskap av utvecklare och användare som stödjer plattformen och som delar erfarenheter och kunskap om att bygga DApps på Web3. Genom att erbjuda en enkel och användarvänlig plattform för att bygga DApps på Web3 kan Moralis Web3 bidra till att öka antalet DApps som utvecklas och används i blockchain-ekosystemet.

Populära system för DApps

Ethereum - Ethereum är en öppen blockchain-plattform som möjliggör utveckling av smarta kontrakt och dApps med hjälp av sin egen programmeringsspråk Solidity.

Binance Smart Chain - Binance Smart Chain (BSC) är en blockchain-plattform som använder sig av Ethereum Virtual Machine (EVM) och som är kompatibel med Ethereum och dess verktyg. BSC erbjuder snabbare transaktionshastigheter och lägre avgifter än Ethereum.

Polkadot - Polkadot är en nyligen lanserad blockchain-plattform som möjliggör interoperabilitet mellan olika blockchains. Polkadot har en egen konsensusmekanism och möjliggör utveckling av dApps i flera programmeringsspråk.

Cardano - Cardano är en blockchain-plattform som använder en egen konsensusmekanism och möjliggör utveckling av smarta kontrakt och dApps på ett säkert sätt.

Solana - Solana är en blockchain-plattform som erbjuder snabbare transaktionshastigheter och lägre avgifter än andra stora blockchains, vilket gör det möjligt att bygga dApps som kan skala på ett effektivt sätt.

Moralis - Moralis erbjuder en komplett backend-lösning för dApps, vilket innebär att utvecklare kan fokusera på att bygga själva dAppen istället för att behöva spendera tid och resurser på att bygga sin egen backend.

Här är fem för- och nackdelar med Web3:

Fördelar:

1. **Ökad decentralisering:** Web3 möjliggör en ökad decentralisering genom användning av blockchain-teknik, vilket minskar behovet av centrala auktoriteter och mellanhänder.

2. **Bättre säkerhet:** Web3 använder kryptografi för att skydda användarnas data och transaktioner, vilket gör det svårare för cyberbrottslingar att stjäla information eller pengar.

3. **Mer öppenhet och transparens:** Web3 möjliggör ökad transparens genom att ge användarna möjlighet att se och spåra alla transaktioner och förändringar i en decentraliserad applikation.

4. **Möjlighet till nya affärsmodeller:** Web3 gör det möjligt för användare att delta i nya affärsmodeller som bygger på blockchain-teknik, som till exempel NFTs och decentraliserade finansiella applikationer (DeFi).

5. **Ökad användarkontroll:** Web3 ger användarna mer kontroll över sina personliga data och hur den används, eftersom data lagras decentraliserat på blockchain istället för hos centraliserade plattformar.

Nackdelar:

1. **Användarvänlighet:** Användarupplevelsen i Web3-applikationer är fortfarande ofta svårare och mindre intuitiv än centraliserade plattformar, vilket kan avskräcka vissa användare.

2. **Teknisk komplexitet:** Web3 kräver viss teknisk kunskap för att använda och förstå, vilket kan avskräcka vissa användare.

3. **Risk för säkerhetsbrister:** Eftersom Web3 är en relativt ny teknik, finns det fortfarande risker för säkerhetsbrister, speciellt om användare inte tar tillräckligt med försiktighetsåtgärder för att skydda sina data och kryptovalutor.

4. **Begränsad skalbarhet:** Web3-tekniken är fortfarande begränsad av skalbarhetsproblem, vilket kan göra det svårt att hantera stora mängder användare och transaktioner.

5. **Brist på reglering:** Eftersom Web3-tekniken är decentraliserad och saknar centrala auktoriteter, finns det också en brist på reglering, vilket kan skapa osäkerhet och risker för användarna.

Kapitel 28: Det här är DeFi

Decentralized Finance (DeFi) är en finansiell infrastruktur byggd på blockchain-teknologi som gör det möjligt för användare att utföra finansiella transaktioner utan att behöva använda traditionella finansiella institutioner som banker. Istället för att använda centraliserade institutioner, såsom banker eller fondförvaltare, utnyttjar DeFi smarta kontrakt på blockchain-nätverk för att skapa ett helt öppet och transparent finansiellt system. DeFi har vuxit exponentiellt under de senaste åren, med många projekt och applikationer som byggs på olika blockchain-nätverk. Här är några av de viktigaste kryptovalutorna som är knutna till DeFi:

Ethereum (ETH) - Ethereum är det mest populära blockchain-nätverket för DeFi-applikationer, eftersom det har stöd för smarta kontrakt och är en av de mest använda plattformarna för decentraliserade applikationer (dApps).

Uniswap (UNI) - Uniswap är en decentraliserad handelsplattform som bygger på Ethereum-nätverket. Plattformen erbjuder automatiserad likviditet, vilket innebär att handlare kan handla med tokens direkt på plattformen utan att behöva vänta på att någon annan säljer eller köper.

Chainlink (LINK) - Chainlink är en decentraliserad orakellösning som används för att hämta data från externa källor och tillföra det till blockchain-nätverk. Detta är viktigt för DeFi-applikationer som behöver tillförlitlig data för att fungera korrekt.

Aave (AAVE) - Aave är en decentraliserad låneplattform byggd på Ethereum-nätverket. Användare kan låna ut eller låna kryptovalutor utan att behöva gå igenom en centraliserad institution.

MakerDAO (MKR) - MakerDAO är en decentraliserad plattform för att skapa stabila mynt. Användare kan sätta in kryptovalutor som säkerhet och låna ut stabila mynt medan de behåller sin ursprungliga kryptovaluta.

DeFi erbjuder en mängd fördelar, såsom att det är öppet för alla, erbjuder decentralisering och möjliggör finansiell inkludering för personer som inte har tillgång till traditionella finansiella institutioner. Men det finns också risker som användare behöver vara medvetna om, såsom säkerhetsproblem, hög volatilitet och brist på reglering.

Fem trender på DeFi-marknaden

Decentraliserade lån: DeFi-marknaden fortsätter att växa när det gäller decentraliserade lån. Detta innebär att lån och utlåning sker direkt mellan parterna utan någon inblandning av traditionella finansiella institutioner.

Yield farming: Yield farming har blivit en populär trend i DeFi. Det handlar om att placera sina kryptovalutor i likviditetspooler och få belöningar i form av nya tokens eller högre avkastning på sina investeringar.

NFT-marknadsplatser: DeFi har också börjat ta sig in i NFT-marknaden. Det har uppstått flera DeFi-baserade NFT-marknadsplatser där användare kan köpa, sälja och handla med NFT:er.

Cross-chain interoperabilitet: Ett av de stora problemen inom DeFi är att många av plattformarna är begränsade till endast en blockchain. Cross-chain interoperabilitet, vilket innebär att olika blockchains kan kommunicera med varandra, är en trend som växer för att öka tillgängligheten och användbarheten för DeFi.

Governance tokens: Governance tokens ger användare möjlighet att delta i beslut som rör utvecklingen av en plattform. DeFi-projekt som Compound, Uniswap och Aave har alla implementerat governance tokens och det förväntas bli en allt vanligare trend inom DeFi.

Kapitel 29: Det här är autotrading

Automatisk handel, även känd som autotrading, är en process där en datorprogramvara används för att automatiskt genomföra handel med finansiella instrument på en börs eller annan handelsplattform. Autotrading används oftast inom aktie-, forex- och kryptohandeln, där det kan användas för att automatiskt köpa och sälja instrument baserat på fördefinierade algoritmer och regler.

Autotrading fungerar genom att programvaran tar emot marknadsdata i realtid, vilket kan inkludera pris, volym och andra statistiska indikatorer. Programvaran använder sedan denna data för att generera handelssignaler och bestämma när man ska köpa eller sälja ett instrument. För att använda autotrading behöver användaren först definiera de handelsregler och parametrar som programvaran ska använda. Detta kan inkludera saker som prisgränser, tekniska indikatorer och riskhanteringstekniker. När dessa regler har fastställts kan programvaran börja övervaka marknaden och automatiskt genomföra handel baserat på de fördefinierade reglerna. En av de stora fördelarna med autotrading är att det kan ta bort de emotionella faktorerna som kan påverka handelsbeslut. Programvaran kommer att följa de fördefinierade reglerna konsekvent, oavsett om marknaden går upp eller ner. Detta kan leda till mer konsekventa resultat och en minskad risk för att man fattar beslut baserade på känslor eller reaktioner på marknadsrörelser. Det är viktigt att notera att autotrading inte är en garanti för vinster. Det finns alltid en risk med handel med finansiella instrument, och autotrading är inte undantaget från denna risk. Dessutom kräver autotrading en god förståelse av marknadsdata, tekniska analysverktyg och handelsstrategier för att vara framgångsrik.

Här är fem olika autotrading verktyg som används för att automatisera handel med finansiella instrument:

MetaTrader 4 (MT4): MT4 är en av de mest populära plattformarna för autotrading. Plattformen erbjuder en mängd olika tekniska analysverktyg och programvarorobotar, som kan användas för att automatisera handel på Forex-marknaden.

NinjaTrader: NinjaTrader är en annan populär plattform för autotrading. Plattformen erbjuder en mängd olika funktioner, inklusive backtesting, simulerad handel och avancerade kartläggningsverktyg.

TradeStation: TradeStation är en annan välkänd plattform för autotrading. Plattformen erbjuder en mängd olika handelsverktyg och programvarorobotar som kan användas för att automatisera handel på aktiemarknaden.

ZuluTrade: ZuluTrade är en social handelsplattform som gör det möjligt för användare att följa och kopiera handel från andra framgångsrika handlare. Plattformen erbjuder också automatisk handel med hjälp av ZuluTrade's egenutvecklade programvara.

HaasOnline: HaasOnline är en programvaruplattform som är speciellt utformad för autotrading med kryptovalutor. Plattformen erbjuder en mängd olika handelsverktyg och strategier, inklusive backtesting, simulerad handel och avancerad riskhantering.

Det är viktigt att notera att det finns många olika autotrading verktyg på marknaden, och valet av verktyg beror på användarens preferenser och handelsbehov. Innan du börjar använda autotradingverktyg är det viktigt att lära sig grunderna i marknadsanalys, tekniska indikatorer och riskhantering för att maximera chanserna att lyckas.

Precis som med all annan handel av finansiella instrument finns det risker med autotrading. Här är några av de risker som är förknippade med autotrading:

Tekniskt fel: Autotrading innebär att man förlitar sig på datorprogramvara och teknik för att genomföra handel. Det finns alltid risk för tekniska fel och systemavbrott, som kan leda till förlorade möjligheter och förlorade pengar.

Felaktig algoritm: Om algoritmen som används för att automatisera handeln är felaktig kan det leda till förlorade pengar. Det är därför viktigt att noggrant utvärdera och testa algoritmen innan man börjar använda den för autotrading.

Marknadsrisk: Marknaden för finansiella instrument är ständigt i förändring, och det är omöjligt att förutsäga alla marknadsrörelser. Autotrading kan inte eliminera marknadsriskerna, och det finns alltid en risk för att förlora pengar på grund av marknadsrörelser.

Överoptimering: Det är möjligt att överoptimering av algoritmen för autotrading, vilket kan leda till att den fungerar bra på historisk data men misslyckas i verkligheten. Detta kan leda till förlorade pengar och en minskad förtroende för autotrading.

Cybersäkerhet: Autotrading innebär att man måste lita på en tredjeparts programvara, vilket kan göra systemet mer utsatt för cyberattacker. Det är viktigt att vidta lämpliga åtgärder för att säkerställa att systemet är säkert och skyddat från angripare.

Kapitel 30: Anonyma transaktioner, "Tumbling"

Tumbling är en process som används inom kryptovärlden för att göra kryptovalutatransaktioner anonyma och svårspårade. Detta görs genom att skicka kryptovalutor genom flera olika adresser innan de når sin slutdestination, vilket gör det svårt att följa transaktionens ursprung eller destination.

Processen med tumbling involverar vanligtvis en tredjepartstjänst eller en tumbling-blandare som tar emot kryptovalutan från en avsändare, blandar den med andra kryptovalutor från andra avsändare och skickar sedan vidare den krypterade och anonymiserade kryptovalutan till slutdestinationen. På så sätt blir det svårt för någon som försöker spåra kryptovalutatransaktionen att hitta dess ursprung eller slutdestination.

Tumbling används ofta av personer som vill skydda sin integritet eller anonymitet när de genomför kryptovalutatransaktioner. Det kan också användas för att skydda kryptovalutor från hackare eller angripare som försöker stjäla dem.

Det är viktigt att notera att tumbling-tekniken inte alltid är laglig, och att användning av denna teknik kan leda till problem med myndigheterna. Vissa länder har infört regleringar som förbjuder tumbling eller andra tekniker för att göra kryptovalutatransaktioner anonyma, medan andra länder inte har några specifika regleringar på plats.

Sammanfattningsvis är tumbling en process som används inom kryptovärlden för att göra kryptovalutatransaktioner anonyma och svårspårade. Det är viktigt att använda tumbling-tekniken på ett ansvarsfullt sätt och att följa de lokala regleringarna och lagarna för att undvika juridiska problem.

Det finns dock också några specifika kryptovalutor som har utvecklats för att möjliggöra anonyma transaktioner utan att behöva använda en tumbling-blandare. Exempel på sådana kryptovalutor inkluderar:

Monero (XMR) - Monero är en kryptovaluta som använder sig av en speciell teknik som kallas "ring signatures" för att göra transaktioner anonyma. Denna teknik gör det svårt att spåra transaktioner till en specifik avsändare eller mottagare.

Dash (DASH) - Dash är en kryptovaluta som har en integrerad tumbling-funktion som kallas för "PrivateSend". Denna funktion blandar transaktioner från flera användare för att göra det svårt att spåra transaktionerna.

Zcash (ZEC) - Zcash använder en teknik som kallas "zk-SNARKs" för att göra transaktioner anonyma. Denna teknik gör det möjligt för användare att bevisa att en transaktion har ägt rum utan att avslöja information om avsändare och mottagare.

Kapitel 31: Teknisk analys och faktorer

Teknisk analys är en metod för att studera historiska pris- och volymdata för att identifiera mönster, trender och signaler som kan användas för att göra framtida handelsbeslut. Här är några steg för att genomföra en teknisk analys:

Samla in data: För att genomföra en teknisk analys måste du samla in historiska pris- och volymdata för det tillgång eller den marknad du vill analysera. Detta kan göras genom att använda en handelsplattform som tillhandahåller historiska data eller genom att använda en extern dataleverantör.

Bestäm vilka verktyg du vill använda: Teknisk analys innefattar användning av en mängd olika verktyg som kan hjälpa till att identifiera mönster och trender, såsom trendlinjer, glidande medelvärden och tekniska indikatorer. Bestäm vilka verktyg som bäst passar dina behov och hur du vill använda dem.

Identifiera trender: En viktig del av teknisk analys är att identifiera trender. Detta kan göras genom att rita trendlinjer på prisdiagram och identifiera om priset rör sig uppåt, nedåt eller i sidled.

Använd tekniska indikatorer: Tekniska indikatorer är matematiska beräkningar baserade på pris- och volymdata som kan hjälpa till att identifiera mönster och trender. Vanliga tekniska indikatorer inkluderar RSI (Relative Strength Index), MACD (Moving Average Convergence Divergence) och Bollinger Bands.

Analysera handelsvolym: Handelsvolymen kan ge viktig information om marknadsstyrka och trendstyrka. Analysera handelsvolymen tillsammans med prisdiagram för att identifiera mönster och signaler.

Studera support- och resistansnivåer: Supportnivåer är de prisnivåer där efterfrågan är stark nog för att hindra priserna från att sjunka ytterligare. Resistansnivåer är de prisnivåer där säljtrycket är starkt nog för att hindra priserna från att stiga ytterligare. Det är viktigt att identifiera dessa nivåer för att kunna göra förutsägelser om framtida prisrörelser.

Skapa grafer: Att skapa grafer kan hjälpa dig att visualisera historiska prisrörelser och volymer. Det finns många verktyg och programvaror som kan hjälpa dig att skapa grafer och göra tekniska analyser.

Dra slutsatser och fatta beslut: Efter att ha genomfört din tekniska analys kan du dra slutsatser om tillgångens eller marknadens framtida rörelser. Använd denna information för att fatta handelsbeslut eller för att göra prognoser om framtida prisrörelser.

Använd stop loss: Stop loss är en viktig riskhanteringsstrategi som kan användas för att minimera förluster om priset går emot din förutsägelse.

Följ marknadsnyheter: Marknadsnyheter kan påverka kryptomarknaden och det är viktigt att hålla sig uppdaterad om nyheter och händelser som kan påverka prisrörelserna.

Priset på kryptovalutor påverkas av många faktorer. Här är några av de vanligaste faktorerna som kan påverka priset på kryptovalutor:

Efterfrågan och tillgång: Som med alla varor och tillgångar bestäms priset på kryptovalutor av balansen mellan efterfrågan och tillgången. Om efterfrågan är hög och tillgången är låg, kan priset stiga, och om efterfrågan är låg och tillgången är hög, kan priset sjunka.

Acceptans och adoption: Acceptans och adoption av kryptovalutor av företag, institutioner och allmänheten kan påverka deras efterfrågan och därmed priset. Ju mer acceptans och adoption desto större efterfrågan och högre priser.

Reguleringar: Reguleringar av kryptovalutor av regeringar och finansiella myndigheter kan ha en inverkan på priserna. Positiva regleringar kan skapa förtroende för kryptovalutor och leda till ökad efterfrågan, medan negativa regleringar kan minska efterfrågan och därmed sänka priset.

Marknadssentiment: Marknadssentimentet och uppfattningar om kryptovalutor kan påverka priset. Till exempel kan positiva nyheter om kryptovalutor leda till ökad efterfrågan och högre priser, medan negativa nyheter kan leda till minskad efterfrågan och lägre priser.

Konkurrens: Kryptovalutor konkurrerar om uppmärksamhet, efterfrågan och användning. Om en ny kryptovaluta lanseras som har mer fördelar kan den ta marknadsandelar och påverka priset på befintliga kryptovalutor.

Tekniska förbättringar: Tekniska förbättringar i kryptovalutor kan påverka priset, eftersom det kan göra dem mer effektiva, säkra och användbara. Om en kryptovaluta uppgraderas kan det öka efterfrågan och därmed höja priset.

För att göra en teknisk analys på krypto kan du använda flera olika verktyg, som candlestick-diagram, trendlinjer, rörliga medelvärden, indikatorer och volymanalyser. Här är en kort översikt över dessa verktyg:

Candlestick-diagram: Ett diagram som visar prisrörelserna för en viss tidsperiod. Det visar öppningspriset, stängningspriset, högsta och lägsta priset under perioden.

Trendlinjer: Används för att identifiera en trend och förutse framtida prisrörelser. Trendlinjer dras genom höga eller låga punkter på prisdiagrammet.

Rörliga medelvärden: Ett verktyg som används för att släta ut prisrörelserna över en viss tidsperiod. Det ger en bättre uppfattning om den allmänna trenden på marknaden.

Indikatorer: Ett verktyg som ger information om marknadens styrka, momentum och volatilitet. Det finns många olika indikatorer, som RSI, MACD och Stochastic.

Volymanalyser: Ett verktyg som används för att se hur mycket krypto som handlas på marknaden. Det ger en bättre uppfattning om marknadens aktivitet och kan hjälpa till att identifiera styrkan i en trend.

När du gör en teknisk analys på krypto är det viktigt att använda flera verktyg för att få en heltäckande bild av marknaden. Du kan börja med att titta på en längre tidsperiod för att identifiera den allmänna trenden på marknaden och sedan gå ner till kortare tidsperioder för att få en mer detaljerad bild av prisrörelserna. När du har identifierat en trend kan du använda olika verktyg för att hitta stöd- och motståndsnivåer, som kan användas för att placera stop loss-order eller ta vinst. Det är också viktigt att ta hänsyn till marknadens volatilitet och att använda en lämplig riskhanteringsstrategi när du handlar med krypto. En bra strategi är att använda en stop loss-order för att minimera förluster om marknaden går emot dig.

Att göra en teknisk analys på krypto kan vara komplicerat och kräva en viss kunskap, men med rätt verktyg och strategier kan du få en bättre uppfattning om marknaden och ta mer informerade beslut när du handlar med kryptovalutor.

Kapitel 32: Skatt på krypto

Få automatisk tillgång till dina data inför deklarationen!

Vill du ha det smartaste verktyget på marknaden för deklarationer? Då rekommenderar jag att du kollar in Koinly. Med Koinly kan du enkelt hantera och organisera dina ekonomiska transaktioner inför deklarationen. Genom att använda denna länk, https://rb.gy/0acclt (OBS! affiliatelänk), får du tillgång till detta fantastiska verktyg.

Koinly är en onlineplattform som tillhandahåller tjänster för skatterapportering och hantering av kryptotransaktioner. Plattformen möjliggör enkel och automatisk import av kryptotransaktioner från olika kryptovalutabörser och plånböcker, och genererar automatiskt skatterapporter baserat på användarens transaktionshistorik.

Koinly kan hjälpa användare att räkna ut sin skattepliktiga inkomst från kryptovalutor, beräkna skattesatsen och generera rapporter som kan användas vid deklarationen av kryptovalutarelaterade skatter.

Koinly stöder ett stort antal kryptovalutabörser och plånböcker, inklusive Binance, Coinbase, Kraken, Bitfinex, Huobi och många fler.

Plattformen använder också avancerade algoritmer och dataanalys för att beräkna exakt kostnadsgrundande vid försäljning av kryptovalutor och för att säkerställa att användarna betalar så lite skatt som möjligt.

Reglerna kring beskattning av kryptovalutor varierar från land till land och kan vara komplexa. I allmänhet betraktas kryptovalutor som en form av tillgångar, och vinst eller förlust från handel med kryptovalutor kan vara skattepliktig eller avdragsgill beroende på jurisdiktionen. I USA har Internal Revenue Service (IRS) gett riktlinjer för beskattning av kryptovalutor. Enligt IRS anses kryptovalutor som egendom, och vinst eller förlust från försäljning eller utbyte av kryptovalutor behandlas på samma sätt som vinst eller förlust från försäljning eller utbyte av andra tillgångar.

I Sverige betraktas kryptovalutor som en form av virtuell valuta, och vinst eller förlust från handel med kryptovalutor är skattepliktig och ska redovisas i deklarationen som kapitalvinst eller förlust. Det är viktigt att notera att det finns specifika regler för deklaration av kryptovalutor i Sverige och att dessa kan ändras över tid. Det är alltid viktigt att konsultera en skatteexpert som är bekant med kryptovalutor och beskattning i det specifika landet för att få exakt och aktuell information om reglerna för beskattning av kryptovalutor.

Kapitel 33: Skatteverkets information

Nedanstående information är hämtad från Skatteverkets hemsida.

Om du har sålt, bytt eller betalat med en kryptovaluta behöver du redovisa detta till Skatteverket i samband med att du deklarerar. Har du gjort vinst ska du betala skatt på din vinst, och om du har gjort förlust får du dra av en del av den. Kryptovaluta kallas också för kryptotillgång, virtuell valuta eller digital valuta.

Vi använder ofta bitcoin i våra exempel på sidan, men samma regler gäller för alla liknande kryptovalutor.

När ska jag deklarera bitcoin och andra kryptovalutor?

Du som är privatperson ska deklarera dina kryptovalutor om du till exempel har:

- *Sålt kryptovaluta*

- *Bytt en kryptovaluta mot en eller flera andra typer av kryptovalutor*

- *Bytt en kryptovaluta mot en FIAT-valuta, till exempel USD*

- *Betalat med kryptovaluta vid köp av en vara (till exempel ett par skor) eller en tjänst (till exempel en taxiresa)*

- *Lånat ut kryptovaluta*

- *Använt kryptovaluta som spelinsats.*

Du redovisar detta på bilaga K4 under avsnitt D, som du lämnar in tillsammans med din inkomstdeklaration.

När ska jag inte deklarera?

Om du har förlorat kontrollen över dina kryptovalutor så medför det inte automatiskt att du har rätt till förlustavdrag. Exempel på en sådan situation kan vara att du har tappat bort din privata nyckel till en virtuell plånbok och på så sätt inte har tillgång till kryptovalutan längre.

Ett annat exempel är att du förlorat tillgången till dina kryptovalutor i samband med en hackerattack på en handelsplats. Om du har tappat bort din privata nyckel eller om du har förlorat tillgången till dina kryptovalutor i samband med en hackerattack mot handelsplatsen har du alltså inte rätt att göra förlustavdrag.

Du ska inte heller deklarera kryptovaluta vid värdeuppgångar eller värdenedgångar på de kryptovalutor du äger om du inte avyttrat (sålt) dessa.

Så beskattas du om du till exempel har köpt och sålt kryptovaluta räknar du ut din vinst eller förlust så här:

1. Det du fått betalt (försäljningspris) - Omkostnadsbeloppet beräknat enligt genomsnittsmetoden = din vinst eller förlust.

2. Beloppen ska vara omräknade till svenska kronor.

3. Du som har gjort en vinst beskattas för hela vinsten.

4. Du betalar 30 procent i skatt på din vinst.

5. Har du gjort en förlust är den avdragsgill till 70 procent.

Observera att om du bytt din kryptovaluta mot en vara eller tjänst så blir ditt försäljningspris marknadsvärdet på den erhållna varan eller tjänsten.

När du fyller i ditt försäljningspris och omkostnadsbelopp i e-tjänsten beräknar den automatiskt din vinstskatt eller hur stor förlust som ska dras av.

Omkostnadsbelopp enligt genomsnittsmetoden

Om du har anskaffat eller fått kryptovaluta vid flera olika tillfällen ska du beräkna ett genomsnittligt omkostnadsbelopp enligt genomsnittsmetoden. Du behöver inte göra en genomsnittsberäkning med genomsnittsmetoden om du har köpt dina kryptovalutor vid ett tillfälle och sedan sålt alla vid ett tillfälle.

Schablonmetoden, där man använder 20 procent av försäljningspriset som omkostnadsbelopp, får inte användas när du redovisar kryptovaluta.

Samtliga köp, sälj och växlingar av kryptovaluta i samma slag ska ligga till grund för beräkningen av omkostnadsbeloppet. Det innebär att du ska räkna ihop alla de transaktioner du har gjort hos centraliserade och decentraliserade växlare och transaktioner som du utfört direkt från din plånbok i beräkningen av det genomsnittliga omkostnadsbeloppet. Det spelar ingen roll om du använt flera olika växlare tillsammans med olika plånböcker. Om det är samma kryptovaluta du ska beräkna omkostnadsbelopp för ska alla transaktioner ligga till grund för beräkningen.

Hur beräknar man ett omkostnadsbelopp enligt genomsnittsmetoden?

Genomsnittsmetoden innebär att man lägger ihop alla anskaffningsutgifter för de kryptovalutor man köpt. Summan blir kryptovalutornas totala omkostnadsbelopp. Sedan delar man det totala omkostnadsbeloppet med totalt antal inköpta coins och får då fram ett genomsnittligt omkostnadsbelopp för den enskilda kryptovalutan.

Beräkningen görs separat för kryptovalutor av samma slag. Detta innebär att man räknar omkostnadsbeloppet för exempelvis Bitcoin, Ethereum och Ripple var för sig.

Om du byter (swappar) eller växlar en kryptovaluta till en annan

När du växlar eller byter en kryptovaluta mot en annan innebär det att det samtidigt blir en säljtransaktion och en köptransaktion. Försäljningspriset för den bortbytta kryptovalutan beräknas till marknadsvärdet av den kryptovaluta du fått vid bytet, omräknat till svenska kronor. Samma belopp blir sedan omkostnadsbelopp för den nya kryptovalutan du fått. Se exempel nedan "växling mellan olika kryptovalutor".

Nedan visas ett exempel på hur omkostnadsbeloppet beräknas.

Exempel – Omkostnadsbelopp enligt genomsnittsmetoden

Jonathan bedriver inte någon näringsverksamhet och har som privatperson handlat med kryptovalutor.

Jonathan genomför ett antal olika köp och försäljningar av Dogecoin enligt följande:

Jonathan köper 10 Dogecoin för 10 000 kronor och köper sedan ytterligare 10 Dogecoin för 50 000 kronor. Sammanlagt har han köpt 20 Dogecoin för 60 000 kronor. Varje Dogecoin har därmed ett genomsnittligt omkostnadsbelopp på 3 000 kronor (60 000/20).

Jonathan säljer 15 Dogecoin för 60 000 kronor och omkostnadsbeloppet är 45 000 kronor (15 × 3 000 kronor). Vinsten blir därmed 15 000 kronor (60 000 – 45 000). Kvarvarande omkostnadsbelopp för 5 Dogecoin är 15 000 kronor.

Jonathan köper ytterligare 5 Dogecoin för 25 000 kronor. Omkostnadsbeloppet är nu 40 000 kronor (15 000 + 25 000) för 10 Dogecoin , vilket medför ett nytt genomsnittligt omkostnadsbelopp på 4 000 kronor för varje Dogecoin (40 000/10).

Jonathan köper varor på internet för 2 000 kronor och betalar med 0,345 Dogecoin. Jonathan avyttrar därmed 0,345 Dogecoin för 2 000 kronor. Omkostnadsbeloppet är 1 380 kronor (0,345 × 4 000) och kapitalvinsten blir 620 kronor (2 000 – 1 380).

Jonathan säljer 5 Dogecoin för 15 000 kronor. Genomsnittligt omkostnadsbelopp är fortfarande 4 000 kronor per Dogecoin. Det leder till en kapitalförlust med 5 000 kronor (15 000 – 20 000), som får dras av med 3 500 kronor (5 000 × 70 %).

Kapitel 34: Metaverse

Metaverse är ett begrepp som beskriver en virtuell värld där människor kan interagera med varandra och digitala objekt i realtid. Det är en utveckling av den nuvarande digitala världen och kombinerar element av virtual reality (VR), augmented reality (AR), blockchain-teknik och sociala nätverk.

I metaversen kan användare skapa och anpassa sina digitala avatarer, utforska virtuella miljöer och delta i olika aktiviteter och evenemang. Det kan vara allt från spel och underhållning till utbildning, handel och socialt umgänge. Metaversen syftar till att erbjuda en mer immersiv och interaktiv digital upplevelse som går bortom de traditionella gränserna för internet.

Blockchain-teknik spelar en viktig roll i metaversen genom att ge användare ägandeskap och kontroll över sina digitala tillgångar och föremål. Genom användningen av kryptovalutor och smarta kontrakt kan virtuella objekt och tillgångar köpas, säljas och handlas på ett decentraliserat sätt.

Metaversen har potential att påverka flera områden, inklusive spelindustrin, arbetsplatser, utbildning, konst och kreativa uttryck samt social interaktion. Det finns redan olika plattformar och projekt som strävar efter att skapa sina egna metaverser, och det förväntas att utvecklingen och integrationen av metaversekonceptet kommer att fortsätta att växa i framtiden.

Det är viktigt att notera att begreppet metaverse är fortfarande under utveckling och det finns ingen enhetlig definition eller fullständig implementation av det ännu. Det är en spännande och framväxande idé som utforskas och diskuteras inom teknik- och digitala samhällen.

Här är några exempel på plattformar och projekt som utforskar och implementerar metaversekonceptet:

Decentraland: Detta är en decentraliserad virtuell värld byggd på Ethereum-blockkedjan. I Decentraland kan användare köpa virtuell mark, skapa och visa upp sina egna digitala objekt samt interagera med andra användare i realtid. Det finns även möjligheter att delta i spel, evenemang och sociala aktiviteter.

Roblox: Roblox är en populär plattform där användare kan skapa sina egna spel och virtuella världar. Det erbjuder en mängd olika spel och upplevelser som användare kan utforska och delta i tillsammans med andra. Roblox har blivit känt för sin starka community och möjligheten att bygga och dela egna spelupplevelser.

Cryptovoxels: Detta är en virtuell värld baserad på Ethereum-blockkedjan där användare kan köpa, sälja och utforska virtuell mark och byggnader. Användarna kan skapa sina egna digitala konstverk och utställningar samt delta i sociala evenemang och konserter.

Somnium Space: Somnium Space är en annan virtuell värld där användare kan köpa virtuell mark, bygga och anpassa sina egna byggnader och interagera med andra. Plattformen erbjuder även funktioner som VR-stöd och möjligheten att delta i konst- och musikevenemang.

Kapitel 35: AI och Krypto – En framtida symbios

Artificiell intelligens och kryptovalutor är två av de mest framträdande teknologierna i dagens digitala era. I takt med att båda teknologierna utvecklas vidare, öppnas det upp nya möjligheter för innovativa användningsområden som kan revolutionera många branscher. I det här kapitlet kommer vi att utforska hur AI och krypto kan kombineras för att skapa nya och effektiva lösningar. AI-tekniken kan användas för att hantera och analysera enorma mängder data som genereras av kryptomarknaden. Genom att tillämpa maskininlärning och djupinlärning kan AI-system analysera mönster och trender på kryptomarknaden, och förutse framtida marknadsrörelser. Denna analys kan användas för att utveckla bättre handelsstrategier, vilket i sin tur kan öka avkastningen på investeringar. På samma sätt kan kryptovalutor användas för att förbättra AI-system.

Blockkedjetekniken som ligger bakom kryptovalutor erbjuder en säker och decentraliserad plattform för datahantering, vilket är en viktig faktor för att säkerställa integriteten och tillförlitligheten hos data som används av AI-system. Genom att använda blockkedjeteknik kan man också skapa en transparent och omutlig spårbarhet av data, vilket kan vara särskilt användbart inom branscher som finansiella tjänster och medicinsk forskning. En annan spännande tillämpning av kombinationen mellan AI och kryptovalutor är utvecklingen av AI-baserade kryptovalutor. Dessa valutor används för att optimera handel på kryptomarknaden, och målet är att kunna göra vinst på kryptomarknaden genom att använda AI-system som använder komplexa algoritmer.

Genom att använda AI-baserade kryptovalutor kan man också uppnå en högre grad av automatisering och autonomi i handelsprocessen. Slutligen är det viktigt att notera att användningen av AI inom kryptovalutor också ställer nya krav på reglering och övervakning. Det är viktigt att säkerställa att användningen av AI inte missbrukas eller leder till manipulering av kryptomarknaden. Regleringar behöver därför utvecklas och anpassas för att möta de nya utmaningar som uppstår i samband med AI och krypto.

Att ha insyn i kombinationen mellan AI och krypto kan vara av stor fördel för investerare och användare som vill dra nytta av dessa teknologier. Genom att förstå de möjligheter och risker som finns, kan man fatta bättre beslut och utveckla en mer långsiktig strategi för sin investering. Med en ökad medvetenhet om AI och krypto, kan vi vara med och forma framtiden för dessa teknologier och deras användningsområden.

Ett av de främsta användningsområdena är inom kryptohandel, där AI används för att utveckla mer sofistikerade och avancerade handelsstrategier. Genom att använda AI och maskininlärning kan man analysera stora mängder data om marknaden och identifiera mönster och trender som annars skulle vara svåra att upptäcka. På så sätt kan man fatta mer informerade beslut och öka sina chanser att göra vinster.

En annan användning av AI inom krypto är för att förbättra säkerheten och skydda mot bedrägerier. AI-baserade säkerhetssystem kan användas för att övervaka transaktioner och identifiera misstänkta aktiviteter, vilket kan hjälpa till att förhindra bedrägerier och hackerattacker. Inom blockkedjetekniken, som är grunden för kryptovalutor, kan AI användas för att utveckla mer avancerade och intelligenta smarta kontrakt.

Genom att integrera AI kan man skapa smarta kontrakt som automatiskt anpassar sig baserat på specifika händelser och förändringar på marknaden. Utöver detta finns det också andra användningsområden för AI och krypto, såsom för att utveckla mer avancerade och effektiva betalningssystem, eller för att förbättra effektiviteten och säkerheten inom logistik och supply chain management.

AI-användning för autotrading: för- och nackdelar

Autotrading är en metod där en datorprogramvara automatiskt placerar trades på en handelsplattform baserat på fördefinierade regler och parametrar. Autotrading har blivit allt vanligare på kryptomarknaden, där handel sker dygnet runt och priser kan förändras snabbt. AI-teknik har blivit alltmer populär inom autotrading, med många företag som utvecklar AI-algoritmer för att förbättra handelsresultaten. AI-teknik kan hjälpa till att identifiera mönster i marknadsdata och göra mer exakta förutsägelser om prisförändringar.

Fördelar med AI-användning för autotrading:

Minskad känslomässig inblandning: AI-baserade handelsprogram är fria från känslor, vilket kan minska risken för impulsiva eller känslomässiga beslut.

Snabbare beslutsfattande: AI-teknik kan bearbeta stora mängder data och fatta beslut snabbare än människor.

Förbättrad noggrannhet: AI-teknik kan hjälpa till att identifiera mönster och trender som människor kanske inte skulle märka, vilket kan förbättra handelsresultaten.

Möjlighet att arbeta dygnet runt: Autotrading-program som använder AI-teknik kan övervaka marknaden dygnet runt, vilket ger möjlighet till mer effektiv handel.

Nackdelar med AI-användning för autotrading:

Risk för överanpassning: Autotrading-program som använder AI-teknik kan överanpassas till historiska data och inte kunna hantera nya, okända marknadsförhållanden.

Risk för tekniska fel: Autotrading-program som använder AI-teknik är beroende av korrekt fungerande teknologi och databaser, vilket kan vara en riskfaktor för eventuella tekniska fel.

Ökad risk för bedrägeri: Eftersom autotrading-program är beroende av kryptohandelsplattformar, kan det finnas en ökad risk för bedrägeri och hackning av programvaran.

Implementering av AI-användning för autotrading:

Det finns redan flera företag som implementerat AI-teknik för autotrading på kryptomarknaden. Exempelvis har företag som Cryptohopper, 3Commas och Haasbot utvecklat autotrading-program som använder AI-teknik för att förbättra handelsresultaten. Dessa företag hävdar att deras programvara har förbättrat handelsresultaten för användare genom att identifiera mönster i marknadsdata och göra mer exakta förutsägelser om prisförändringar.

Här är några företag som använder sig av AI i kombination med krypto;

Chainlink: Chainlink är en blockchain-plattform som använder AI för att hjälpa till att lösa problemet med dataintegritet inom blockchain-nätverk. Företaget har också utvecklat en lösning som heter "Chainlink VRF", som använder AI för att generera slumpmässiga nummer på ett säkert sätt.

DeepBrain Chain: DeepBrain Chain är en decentraliserad AI-plattform som använder blockkedjeteknik för att säkra och dela data mellan olika AI-nätverk. Plattformen är utformad för att hjälpa företag att hantera stora mängder data och dra nytta av AI-teknik för att förbättra sin verksamhet.

SingularityNET: SingularityNET är en decentraliserad AI-plattform som använder blockkedjeteknik för att skapa en global marknadsplats för AI-tjänster. Plattformen är utformad för att göra det enklare för företag att hitta och använda AI-tjänster från olika leverantörer över hela världen.

Fetch.ai: Fetch.ai är en decentraliserad AI-plattform som använder blockkedjeteknik för att skapa en global marknadsplats för AI-tjänster. Plattformen är utformad för att göra det enklare för företag att hitta och använda AI-tjänster från olika leverantörer över hela världen.

Risker med AI och Krypto;

Sekretess- och säkerhetsrisker: AI kan användas för att bryta kryptering och komma åt användardata eller transaktionsdata. Detta kan leda till förlust av pengar eller stöld av identitet.

Bias i AI: Om AI-algoritmer tränas på felaktiga eller partiska data kan det leda till att beslut som fattas av AI-system är orättvisa eller diskriminerande.

Regleringsrisker: Kryptomarknaden är fortfarande relativt oreglerad, vilket kan göra det svårt att skydda investerare mot bedrägeri eller felaktig användning av AI i kryptosammanhang.

Tekniskt fel: AI-system är inte ofelbara och kan potentiellt misslyckas eller göra felaktiga beslut, vilket kan leda till förluster.

Konkurrensrisk: Stora AI-företag kan potentiellt dominera kryptomarknaden och skapa orättvisa konkurrensförhållanden för mindre företag.

Dessa risker är dock inte specifika för AI och krypto utan är allmänna risker som kan uppstå med alla teknologier och finansiella system. Det är viktigt att använda sig av säkra och pålitliga AI-system och att följa regler och riktlinjer för kryptomarknaden.

Kapitel 36: Börja arbeta inom kryptovärlden

Oavsett vad du jobbar med idag så finns det chans att kunna få ett jobb inom kryptobranschen. Det finns alla möjliga sorters jobb att söka. Varför inte testa lyckan?

Här är tio tips för att få ett jobb inom kryptovärlden:

Förstå tekniken: Det är viktigt att ha en god förståelse för kryptovalutor och blockkedjeteknik. Läs på om grunderna och följ utvecklingen på området genom nyhetsartiklar, bloggar och sociala medieplattformar.

Utveckla dina tekniska färdigheter: Kryptovärlden är mycket teknisk och det är därför viktigt att ha goda tekniska färdigheter. Utveckla dina färdigheter genom att ta kurser, genom självstudier eller genom att arbeta med kryptovalutor och blockkedjeteknik.

Hitta rätt nisch: Kryptovärlden är bred och det finns många olika nischer att arbeta inom. Hitta den nisch som du är mest intresserad av och fokusera på den.

Nätverka: Nätverka med människor som arbetar inom kryptovärlden. Delta i evenemang och konferenser för att lära känna människor inom branschen.

Bygg ditt personliga varumärke: Bygg upp ditt personliga varumärke genom att skapa en blogg, delta i diskussioner på sociala medieplattformar och genom att skapa och publicera innehåll inom ditt område.

Skapa ett starkt CV: Skapa ett starkt CV som betonar dina tekniska färdigheter och erfarenheter inom kryptovärlden.

Var öppen för nya möjligheter: Kryptovärlden är fortfarande relativt ny och det kan finnas möjligheter inom områden som du inte har övervägt tidigare.

Visa initiativtagande: Visa att du är intresserad av kryptovärlden genom att ta egna initiativ som att skapa en blogg, skapa en egen kryptovaluta eller att utveckla egna projekt inom området.

Lär dig från experter: Lär dig från experter inom kryptovärlden genom att följa ledande personer och företag på sociala medieplattformar och delta i diskussioner.

Var öppen för lärande: Kryptovärlden är ständigt föränderlig och det är därför viktigt att vara öppen för nya lärdomar och utveckling inom området. Fortsätt att lära dig och utvecklas inom kryptovärlden för att kunna vara en attraktiv kandidat för arbetsgivare inom området. Lönerna inom kryptovärlden varierar beroende på typen av jobb, erfarenhet, utbildning och region.

Här är några exempel på jobb inom kryptovärlden och deras ungefärliga lön i USA:

- **Blockchain-utvecklare**: En blockchain-utvecklare kan tjäna mellan 90 000 till 180 000 USD per år beroende på erfarenhet och arbetsplats.

- **Kryptografiexpert**: En kryptografiexpert kan tjäna mellan 100 000 till 200 000 USD per år beroende på erfarenhet och arbetsplats.

- **Säkerhetsexpert**: En säkerhetsexpert inom kryptovalutor kan tjäna mellan 90 000 till 170 000 USD per år beroende på erfarenhet och arbetsplats.

- **Marknadsföringschef**: En marknadsföringschef inom kryptovärlden kan tjäna mellan 100 000 till 200 000 USD per år beroende på erfarenhet och arbetsplats.

- **Forskare**: En forskare inom kryptovärlden kan tjäna mellan 70 000 till 150 000 USD per år beroende på erfarenhet och arbetsplats.

- **Produktchef**: En produktchef inom kryptovärlden kan tjäna mellan 120 000 till 200 000 USD per år beroende på erfarenhet och arbetsplats.

- **UX-designer**: En UX-designer inom kryptovärlden kan tjäna mellan 80 000 till 160 000 USD per år beroende på erfarenhet och arbetsplats.

Sök ett kryptojobb!

Det finns flera platser där man kan hitta jobb inom kryptovärlden. Här är några exempel:

- **Kryptoföretag:** Många företag som utvecklar och erbjuder kryptovalutor och tillhörande teknologier söker ständigt efter nya talanger för att utöka sina team. Att söka jobb direkt hos ett kryptoföretag kan vara ett bra sätt att få erfarenhet och utveckla karriären inom kryptovärlden.

- **Kryptobörser**: Kryptobörser som Coinbase, Binance och Kraken är ofta i behov av personal med erfarenhet och kunskap om kryptovärlden för att hantera handel och kundsupport.

- **Kryptokonsultföretag**: Kryptokonsultföretag som Deloitte, PwC och EY söker ofta efter kryptospecialister för att hjälpa företag med rådgivning, implementering och säkerhet kring kryptovalutor och blockkedjeteknik.

- **Startups**: Många startups som utvecklar nya idéer och teknologier inom kryptovärlden söker efter talanger med innovativt tänkande och teknisk kunskap.

- **Kryptogrupper och communitys**: Kryptogrupper och communitys på sociala medieplattformar som LinkedIn och Twitter kan vara ett bra sätt att hitta lediga jobb och nätverka med andra personer som arbetar inom kryptovärlden.

Kapitel 37: Ordlista

Här nedan har du en ordlista med över 250 ord som kan hjälpa dig att förstå vissa förkortningar eller engelska uttryck.

51% attack	En attack på blockchain-nätverket där en enda individ kontrollerar mer än 51% av den totala hashkraften och kan manipulera transaktioner och huvudbok efter eget tycke.
Absorption	En situation där en stor mängd av en viss kryptovaluta absorberas av marknaden vilket kan orsaka en prisökning.
Address	En serie av bokstäver och siffror som används för att identifiera en mottagares plånbok för en kryptovaluta.
Adoption	Processen där fler människor börjar använda en viss kryptovaluta och integrerar den i sina dagliga liv.
Airdrop	En process där nya tokens eller kryptovalutor distribueras gratis till befintliga användare eller samhällen

Algorithm	En matematisk formel som används för att säkerställa att transaktioner på en kryptovalutaplattform är korrekta och verifierade.
Altcoin	En kryptovaluta som inte är Bitcoin.
AML	Anti Money Laundering, en process där finansiella institutioner och kryptoplattformar följer reglerna för att förhindra penningtvätt och finansiering av terrorism.
Angel Investor	En person eller företag som investerar i en start-up eller tidigt stadium av en kryptovaluta i utbyte mot en andel i företaget.
Anoncoin	En kryptovaluta som fokuserar på att erbjuda fullständig anonymitet för användare och transaktioner.
Anonymous	En kryptovaluta som erbjuder fullständig anonymitet för användare och transaktioner.

Anti ASIC	En kryptovaluta som använder algoritmer som är utformade för att förhindra användningen av ASIC-hårdvara för att bryta valutan.
API (Application Programming Interface)	Ett gränssnitt som möjliggör kommunikation mellan en kryptovalutaplattform och andra applikationer eller system.
Apostille	En tjänst som tillhandahålls av NEM blockchain som används för att verifiera och skydda autenticiteten hos digitala dokument.
Arbitrage	En handelsstrategi där man utnyttjar prisskillnader mellan olika kryptovalutaplattformar eller marknader för att göra en vinst.
ASIC	Application-Specific Integrated Circuit, en typ av hårdvara som används för att bryta kryptovalutor.

ASIC	En specialiserad hårdvara som är utformad för att bryta kryptovalutor som kräver hög beräkningskraft, såsom Bitcoin.
ASI	esistant - En term som används för att beskriva en kryptovaluta som är utformad för att motverka användningen av ASIC-hårdvara för att bryta valutan.
Asset	En kryptovaluta eller annan form av tillgång som kan handlas på en kryptovalutaplattform.
ATH (All Time High)	Det högsta pris som en kryptovaluta någonsin har nått.
ATM (Automated Teller Machine)	En fysisk maskin som används för att köpa eller sälja kryptovalutor, liknande traditionella bankomater.

Atomic Swap	En metod som möjliggör direkt utbyte av en kryptovaluta mot en annan, utan att behöva använda en tredje part som en mellanhand.
Attack	Ett försök att utnyttja sårbarheter i en kryptovalutaplattform för att stjäla eller manipulera data eller kryptovalutor.
Axe	En term som används för att beskriva en snabb och betydande prisminskning på en kryptovaluta.
Axe the Fees	Ett uttryck som används för att beskriva en rörelse eller kampanj som syftar till att minska eller helt eliminera avgifterna som tas ut av kryptovalutaplattformar.
Bagholder	En person som köpte en kryptovaluta till en hög prisnivå, men som nu har förlorat mycket av värdet.
Bear market	En marknad där priserna på kryptovalutor minskar över en längre period.

Binance	En av världens största kryptovalutabörser som grundades i Kina, men numera har sitt huvudkontor på Malta.
BIP (Bitcoin Improvement Proposal)	Ett förslag på förbättringar till Bitcoin-protokollet som läggs fram av utvecklare och gemenskapen.
Bitcoin	Den första och mest kända kryptovalutan, skapad av en person eller grupp under pseudonymen Satoshi Nakamoto.
Bitcoin Cash	En kryptovaluta som skapades genom en hård gaffel av Bitcoin-protokollet, med syfte att lösa skalningsproblemen och förbättra transaktionshastigheten.
Bitcoin Miner	En person eller grupp som använder sin dator för att lösa komplicerade matematiska problem för att få tillgång till nya Bitcoin eller andra kryptovalutor som belöning.

Bitcoin Wallet	En plånbok eller programvara som används för att lagra och hantera Bitcoin eller andra kryptovalutor.
Block	En samling av transaktioner som har verifierats och godkänts av en kryptovalutanätverk.
Blockchain	En decentraliserad digital huvudbok som används för att lagra transaktioner och information på ett säkert och transparent sätt.
Blockchain Explorer	En webbplats som används för att visa information om transaktioner och block på en kryptovalutanätverk.
Bounty	En belöning som erbjuds för att hjälpa till att lösa problem eller göra en viss uppgift inom kryptovärlden.
Bull market	En marknad där priserna på kryptovalutor ökar över en längre period.

Bullish	En positiv attityd eller förutsägelse om framtiden för en kryptovaluta eller hela kryptomarknaden.
Byte	En enhet som används för att mäta datamängd på en kryptovalutanätverk, där 1 byte motsvarar 8 bitar.
Centraliserad	En kryptovaluta- eller blockchainplattform som kontrolleras av en enda enhet eller organisation.
Coinbase	En populär kryptovalutabörs och plånbokstjänst som används av miljontals användare över hela världen.
Cold storage	En metod för att lagra kryptovalutor offline, vanligtvis på en fysisk enhet som en USB-sticka eller en hårddisk.
Cold wallet	En fysisk enhet som används för att lagra kryptovalutor offline, vanligtvis på en hårddisk eller USB-sticka.

Confirmation	En process där transaktioner på en kryptovalutanätverk verifieras och godkänns av andra noder på nätverket.
Consensus	Processen att uppnå enighet inom nätverket om giltigheten av transaktioner och tillståndet av huvudboken.
Crowdfunding	En finansieringsmetod som används för att samla in pengar från en grupp människor för att finansiera ett projekt eller företag.
Crypto Exchange	En plattform som används för att köpa och sälja kryptovalutor.
Crypto Market Cap	Det totala värdet av alla kryptovalutor på marknaden vid en given tidpunkt.
Crypto Wallet	En digital plånbok som används för att lagra och hantera kryptovalutor.

Cryptocurrency	En digital tillgång som används som en form av valuta och som skyddas av kryptografi för att säkra transaktioner och förhindra förfalskning.
Cryptocurrency Mining	En process där en dator används för att lösa matematiska problem och validera transaktioner på en kryptovalutanätverk, för vilket belöningar i form av nya kryptovalutor betalas ut.
Cryptographic Hash Function	En matematisk funktion som används för att skapa en unik digital fingeravtryck för data på en kryptovalutanätverk.
Cryptojacking	Ett angrepp där en hacker infekterar en dator eller enhet med en skadlig programvara för att bryta kryptovaluta utan användarens vetskap eller samtycke.
DAG (Directed Acyclic Graph)	En teknik som används för att hantera transaktioner på ett distribuerat nätverk av datorer, där transaktionerna inte organiseras i en linjär kedja som på en blockchain.

DAO (Decentralized Autonomous Organization)	En organisation som styrs av kod och som är distribuerad över ett nätverk av datorer, utan att det finns en central enhet som kontrollerar den.
Dapp (Decentralized Application)	En decentraliserad applikation som körs på en blockchain och som är distribuerad över ett nätverk av datorer.
Dark Web	En del av internet som inte kan nås via vanliga webbläsare och som används för att handla med illegala varor och tjänster, inklusive kryptovalutor.
Decentraliserad	En kryptovaluta- eller blockchainplattform som är distribuerad över ett nätverk av datorer och som inte kontrolleras av en enda enhet eller organisation.
DeFi (Decentralized Finance)	En rörelse som syftar till att skapa decentraliserade finansiella tjänster som är tillgängliga för alla, oavsett var de bor eller vilken bank de använder.

Delisting	När en kryptovaluta tas bort från en handelsplattform.
Derivatives	En typ av finansiell produkt som är baserad på värdet av en kryptovaluta, till exempel futures och optioner.
DEX (Decentralized Exchange)	En kryptovalutabörs som är distribuerad över ett nätverk av datorer och som inte kontrolleras av en central enhet.
Difficulty	Svårighetsnivån att bryta en kryptovaluta.
Digital Signature	En kryptografisk teknik som används för att verifiera att en transaktion eller dokument är autentiskt och inte har manipulerats.
Dilution	En minskning av det relativa värdet på en kryptovaluta på grund av utgivningen av nya mynt eller tokens.

Distributed Consensus	En process där noder på ett nätverk kommer överens om giltigheten av transaktioner och andra förändringar på nätverket.
Distributed Ledger	En teknik som används för att lagra data på ett distribuerat nätverk av datorer, där varje dator har en kopia av hela huvudboken.
Double Spending	En attack där samma kryptovaluta används två gånger för att genomföra två olika transaktioner, vilket kan leda till förluster för en av de inblandade parterna.
Dust Transaction	En transaktion som är för liten för att vara lönsam, vanligtvis mindre än 546 satoshi.
Emission	En process där nya kryptovalutor skapas och släpps ut på marknaden.
Encryption	En teknik som används för att skydda data genom att koda den så att den endast kan avkodas med en specifik nyckel.

Encryption Key	En unik serie av bokstäver och siffror som används för att kryptera och dekryptera data.
EOS	En blockchain-plattform som är utformad för att göra det möjligt för utvecklare att skapa och distribuera dapps och smarta kontrakt.
ERC-20	En standard för utveckling av tokens på Ethereum nätverket.
Escrow	En tredjepart som används för att förvara medel eller tillgångar tills villkoren i en transaktion har uppfyllts.
Ethereum	En blockchain-plattform som är utformad för att göra det möjligt för utvecklare att skapa och distribuera dapps, smarta kontrakt och tokens.
Ethereum Classic	En gren av Ethereum-protokollet som uppstod efter en hård gaffel för att återställa stulna Ether från en hackning.

Ethereum Gas	En enhet som används för att mäta kostnaden för att köra smarta kontrakt och transaktioner på Ethereum blockchain.
Exchange	En handelsplattform där kryptovalutor kan köpas och säljas.
Exchange Rate	Priset på en kryptovaluta i förhållande till en annan valuta, vanligtvis den amerikanska dollarn.
Exchange Traded Fund (ETF)	En investeringsfond som handlas på en aktiebörs och som innehåller en samling av tillgångar, inklusive kryptovalutor.
Explorer	En webbplats eller applikation som används för att visa information om transaktioner, block och andra data på en kryptovalutanätverk.
Faucet	En webbplats eller applikation som används för att dela ut små mängder av en kryptovaluta som belöning för att lösa captcha eller andra uppgifter.

Fees	Avgifter som tas ut för att genomföra transaktioner på en kryptovalutanätverk.
Fiat Currency	En valuta som stöds av en regering, till exempel den amerikanska dollarn eller euro.
Fiat Gateway	En plattform som används för att byta fiatvaluta mot kryptovalutor.
Flash Crash	En snabb och dramatisk nedgång i priset på en kryptovaluta.
FOMO	Fear of Missing Out, rädslan för att missa en möjlighet att tjäna pengar på kryptovalutor.
Fork	En process där en blockchain delas upp i två eller flera separata grenar.

FUD	Fear, Uncertainty, and Doubt, en strategi som används för att skapa oro och osäkerhet kring en kryptovaluta för att sänka priset.
Full Node	En dator som kör en fullständig kopia av en kryptovalutanätverk och bidrar till att verifiera och godkänna transaktioner på nätverket.
Fungibility	Förmågan hos en tillgång att vara utbytbar mot andra enheter av samma tillgång, som till exempel en dollar eller en bitcoin.
Futures	En finansiell produkt som används för att spekulera i framtida priser på kryptovalutor.
Gas fee	En avgift som betalas för att genomföra en transaktion på Ethereum-nätverket.
Gas limit	En gräns för hur mycket gas som kan användas för att köra en transaktion på Ethereum-nätverket.

Gas price	En prisnivå för gas som används för att köra en transaktion på Ethereum-nätverket.
Genesis Block	Den första blocket i en blockchain.
GPU (Graphics Processing Unit)	En typ av datorhårdvara som används för att bryta kryptovalutor, särskilt de som kräver hög datorkraft som Bitcoin.
Gwei	En enhet som används för att mäta kostnaden för att köra transaktioner på Ethereum blockchain.
Halving	När antalet nya utgivna kryptovalutor som betalas ut till gruvpooler halveras.
Hard cap	Det maximala beloppet som kan samlas in under en ICO.

Hard Fork	En process där en blockchain delas upp i två separata grenar som inte längre är kompatibla med varandra.
Hardware wallet	En fysisk enhet som används för att lagra kryptovalutor offline, vanligtvis med extra säkerhetsfunktioner som en PIN-kod och fingeravtryckssensor.
Hash	En algoritm som används för att verifiera transaktioner på blockchain
Hash Function	En matematisk funktion som används för att omvandla data till en unik digital fingeravtryck på en kryptovalutanätverk.
Hash Rate	En måttenhet för hastigheten på en dators förmåga att bryta kryptovalutor, uttryckt i hash per sekund.
HODL	Ett stavfel av "hold", som har blivit en slangterm inom kryptovärlden som betyder att behålla en kryptovaluta istället för att sälja den.

Honeypot	En taktik som används för att lura hackare till att attackera en plattform, ofta med syftet att samla information om angreppet och skydda plattformen mot framtida attacker.
Hot Wallet	En typ av digital plånbok som är ansluten till internet och därmed mer sårbar för hackerattacker.
Hybrid Blockchain	En kombination av en privat och en offentlig blockchain, där vissa delar av nätverket är öppna för allmänheten medan andra är endast tillgängliga för auktoriserade användare.
Hyperledger	En open source-plattform som används för att bygga blockchain-baserade applikationer för företagsmiljöer.
ICO	Initial Coin Offering, en process där en ny kryptovaluta säljs till allmänheten.
Immutability	En egenskap hos en blockchain som gör att data som lagras på nätverket inte kan ändras eller raderas.

Immutable Ledger	En databas som är permanent och oföränderlig, vilket gör att transaktioner och andra data på nätverket inte kan ändras eller raderas.
Inflation	En ökning av mängden kryptovaluta i omlopp, vilket kan leda till minskat värde och köpkraft.
Initial Coin Offering (ICO)	En crowdfunding-metod som används för att finansiera nya projekt eller företag genom att sälja kryptovalutor till allmänheten.
Initial Exchange Offering (IEO)	En crowdfunding-metod som liknar en ICO, men som genomförs på en kryptovalutabörs.
Initial mining offering (IMO)	En process där en ny kryptovaluta bryts först och sedan säljs på en ICO.
Initial token offering (ITO)	En annan term för en ICO.

Instant Payment	En funktion som tillåter snabba och omedelbara transaktioner mellan två parter utan att behöva gå genom en tredje part som en bank.
Integration	Processen att ansluta en blockchain-teknologi till en befintlig verksamhet eller system.
Interoperability	Förmågan hos olika blockchain-nätverk att kommunicera med varandra och utbyta data och tillgångar.
IOTA	En kryptovaluta och en distribuerad ledger-teknik som används för att hantera IoT (Internet of Things)-nätverk.
Keeper	En typ av datorprogram som används för att hantera privata nycklar för kryptovalutatransaktioner.
Key Pair	En kombination av en privat och en offentlig nyckel som används för att kryptera och dekryptera data på en blockchain.

Keylogger	En typ av skadlig programvara som används för att stjäla känslig information, som till exempel privata nycklar, från en användares dator.
Keysigning	En process där en användare signerar en transaktion med sin privata nyckel för att bekräfta giltigheten av transaktionen.
Komodo	En blockchain-plattform som erbjuder sekretess, skalbarhet och interoperabilitet för kryptovalutatransaktioner.
Konsensus	En process där noder på en kryptovalutanätverk kommer överens om giltigheten av transaktioner och andra förändringar på nätverket.
Kraken	En av de största kryptovalutabörserna i världen som erbjuder handel med ett brett utbud av kryptovalutor.
KuCoin	En kryptovalutabörs som erbjuder handel med ett stort antal kryptovalutor och en mobilapplikation för handel.

KYC	Know Your Customer, en process där användare av en kryptoplattform måste identifiera sig för att förhindra bedrägeri och penningtvätt.
KYC (Know Your Customer)	En process som används för att verifiera identiteten på användare som registrerar sig på en kryptovalutabörs eller plattform.
KYT (Know Your Transaction)	En process som används för att spåra och övervaka transaktioner på en kryptovalutanätverk för att förhindra penningtvätt och andra olagliga aktiviteter.
Lambo	Ett slanguttryck som används av kryptoinvesterare för att beskriva drömmen om att tjäna tillräckligt med pengar på kryptovalutor för att köpa en Lamborghini.
Ledger	En bokföringsbok som innehåller en historik över alla transaktioner som har genomförts på en kryptovalutanätverk.

Leverage	En funktion som tillåter handlare att öka sin exponering mot kryptovalutor genom att låna pengar från en mäklare.
Leveraged Tokens	En typ av kryptovaluta som tillåter handlare att öka sin exponering mot en tillgång genom att använda hävstång.
Lightning Network	Ett lager ovanpå blockchain som används för att möjliggöra snabbare och billigare transaktioner.
Limit Order	En typ av order på en kryptovalutabörs som används för att köpa eller sälja en tillgång till ett förutbestämt pris.
Liquidity	Förmågan att köpa eller sälja en tillgång på marknaden utan att påverka dess pris.
Liquidity Mining	En process där användare bidrar med likviditet till en decentraliserad finansplattform i utbyte mot belöningar i kryptovaluta.

Litecoin	En av de äldsta och mest välkända kryptovalutorna, som skapades som en snabbare och billigare version av Bitcoin.
Lock up Period	En tidsperiod där investerare inte kan sälja sina kryptovalutor efter en ICO eller en token-utgivning.
Long Position	En strategi där en handlare köper en tillgång i förväntan om att dess pris kommer att stiga.
Mainnet	En term som används för att beskriva den fullt fungerande versionen av en blockchain-nätverk.
MakerDAO	En decentraliserad finansplattform som tillåter användare att låna och utlåna kryptovalutor utan att behöva gå genom en bank.
Margin Trading	En strategi där handlare lånar pengar från en mäklare för att öka sin exponering mot en tillgång.

Market Cap	En term som används för att beskriva det totala värdet på en kryptovaluta genom att multiplicera antalet mynt i omlopp med dess pris.
Market order	En order som placeras på en handelsplattform för att köpa eller sälja en kryptovaluta omedelbart till det bästa tillgängliga priset.
Masternode	En speciell typ av nod på blockchain-nätverket som används för att validera transaktioner och tillståndet av huvudboken, och kräver en viss mängd kryptovalutor som insats.
Merkle Tree	En matematisk datastruktur som används för att säkerställa integriteten på data på en blockchain.
Mining	En process (brytning) där nya kryptovalutor skapas genom att använda datorer för att lösa komplexa matematiska problem på blockchain-nätverk.

Mining pool	En grupp av gruvdriftare (miners) som samarbetar för att bryta kryptovalutor och dela belöningar.
Monero	En kryptovaluta som fokuserar på sekretess och anonymitet för sina användare.
Moon	En slangterm som används för att beskriva en dramatisk ökning av priset på en kryptovaluta.
Mt. Gox	En tidigare kryptovalutabörs som var en av de största i världen, men som gick i konkurs efter ett säkerhetsintrång.
Multi sig	En metod för att skydda kryptovalutor genom att kräva flera användares signaturer för att genomföra en transaktion.
Nakamoto Consensus	En konsensusalgoritm som används på Bitcoin-nätverket för att validera transaktioner och skapa nya block.

NEM	En kryptovaluta och en blockchain-plattform som fokuserar på snabba och billiga transaktioner.
NEO	En blockchain-plattform som används för att skapa decentraliserade applikationer och smarta kontrakt.
Network Fees	En avgift som tas ut för att genomföra en transaktion på en blockchain-nätverk.
New Coins	En term som används för att beskriva nya kryptovalutor som nyligen har lanserats på marknaden.
Nexus Mutual	En decentraliserad försäkringsplattform som tillåter användare att försäkra sig mot olika risker i kryptovärlden.
NFT (Non Fungible Token)	En typ av kryptovaluta som representerar unika digitala tillgångar, som till exempel konstverk eller spelkaraktärer.

Node	En dator som körs på ett blockchain-nätverk för att validera transaktioner och tillståndet av huvudboken.
Node Operator	En person som driver en nod på ett blockchain-nätverk och som ansvarar för att validera transaktioner på nätverket.
Nonce	En slumpmässig siffra som används i brytningsprocessen för att skapa nya block på en blockchain.
Novice	En person som är ny inom kryptovärlden och som inte har mycket erfarenhet eller kunskap om kryptovalutor.
Off Chain	En term som används för att beskriva transaktioner eller data som inte lagras direkt på en blockchain, utan istället på en annan plattform.
On Chain	En term som används för att beskriva transaktioner eller data som lagras direkt på en blockchain.

Open Source	En typ av programvara där källkoden är tillgänglig för allmänheten och kan användas, modifieras och distribueras fritt.
Options	En typ av finansiellt instrument som används för att spekulera på prisrörelser på en kryptovaluta.
Oracle	En tredje part som används för att tillhandahålla extern information till en smart kontrakt på en blockchain.
Oracles Network	En blockchain-plattform som används för att skapa smarta kontrakt och dApps (decentraliserade applikationer) som kan använda extern information.
Order Book	En lista över alla aktuella köp- och säljordrar på en kryptovalutabörs.
Orphan Block	Ett block på en blockchain som inte har validerats av majoriteten av noderna på nätverket.

OTC (Over the Counter)	En metod för att köpa eller sälja kryptovalutor direkt mellan två parter utan att behöva använda en kryptovalutabörs.
Outlier	Ett datapunkt som skiljer sig mycket från andra datapunkter i en datamängd och som kan påverka statistiska analyser.
P2P	Peer-to-peer, en direkt transaktion mellan två parter utan behov av en mellanhand.
Paper wallet	En metod för att lagra kryptovalutor genom att skriva ut privata nycklar på papper, vilket ökar säkerheten genom att undvika att använda internet.
Payment Gateway	En plattform som används för att hantera och bearbeta betalningar i kryptovalutor.
Peer to peer (P2P)	En teknologi som tillåter direkt utbyte av data och resurser mellan två eller flera datorer utan att behöva använda en mellanhand.

Polkadot	En blockchain-plattform som används för att skapa interoperabilitet mellan olika blockchain-nätverk.
Portfolio	En samling av olika kryptovalutor och andra tillgångar som används för investeringar.
Price Action	En analysmetod som används för att förutsäga prisrörelser på en kryptovaluta baserat på tidigare prisdata.
Privacy Coin	En typ av kryptovaluta som är utformad för att skydda användares identitet och transaktionshistorik.
Private Key	En kryptografisk nyckel som används för att dekryptera data som har krypterats med en matchande offentlig nyckel.
Proof of stake (PoS)	En metod för att säkra blockchain-nätverk som kräver användare att hålla en viss mängd kryptovalutor för

Proof of work (PoW)	En metod för att säkra blockchain-nätverk som kräver användare att utföra en viss mängd arbete genom gruvdrift för att validera transaktioner och tillståndet av huvudboken.
Public Key	En kryptografisk nyckel som används för att kryptera data som kan avkrypteras med en matchande privat nyckel.
Public ledger	En offentlig och transparent lista över alla transaktioner som har gjorts på en blockchain-nätverk.
Pump and dump	En manipulativ strategi där kryptovalutahandlare sprider positiv information om en valuta för att höja priset och sedan sälja den till en högre värde och överge den.
Ransomware	Skadlig programvara som används för att kryptera en dators data och som kräver en lösensumma i kryptovaluta för att dekryptera den.

Rebase	En teknik som används på vissa kryptovalutor för att automatiskt justera antalet mynt i omlopp för att bibehålla ett stabilt pris.
Red Flags	Varningssignaler som kan indikera att en kryptovaluta eller en ICO är bedräglig.
Regulation	Lagar och regler som används av regeringar och andra myndigheter för att reglera användningen av kryptovalutor.
Rekt	Ett slanguttryck som används för att beskriva en stor förlust på kryptomarknaden.
Ring Signature	En kryptografisk teknik som används för att anonymisera transaktioner på en blockchain.
Ripple	En kryptovaluta och en betalningsprotokollplattform som används för att skicka och ta emot snabba och billiga transaktioner.

Risk Management	En strategi som används av kryptoinvesterare för att minimera riskerna och maximera avkastningen på sina investeringar.
Roadmap	En plan eller en strategi som används av kryptovalutaprojekt för att beskriva deras framtida utveckling och mål.
Robinhood	En populär handelsplattform som tillåter användare att köpa och sälja kryptovalutor utan provision.
Roger Ver	En välkänd kryptoinvesterare och förespråkare för Bitcoin Cash.
ROI (Return on Investment)	Ett mått på avkastningen på en investering i förhållande till dess initiala kostnad.
Satoshi	En enhet av Bitcoin som är lika med 0,00000001 BTC.

Satoshi Nakamoto	Pseudonymen för personen eller gruppen som skapade Bitcoin och publicerade dess whitepaper 2008.
Scalability	En term som beskriver förmågan för en blockchain-nätverk att hantera en ökande mängd användare och transaktioner.
Schnorr Signature	En kryptografisk teknik som används för att förbättra säkerheten och effektiviteten på en blockchain.
Security Token	En typ av kryptovaluta som representerar en tillgång, som till exempel fastigheter eller aktier, och som ger innehavaren rätt till en del av vinsten från den tillgången.
Seed Phrase	En uppsättning av 12 eller 24 slumpmässigt genererade ord som används för att återställa en kryptovalutaplånbok om den förloras eller skadas.
SHA256	En kryptografisk algoritm som används av Bitcoin och många andra kryptovalutor för att skydda integriteten hos transaktioner och huvudbok.

Sharding	En teknik som används för att öka kapaciteten på ett blockchain-nätverk genom att dela upp huvudboken i mindre delar.
Smart Contract	En självkörande kod som utför en eller flera uppgifter på en blockchain.
Social Trading	En metod för att investera i kryptovalutor som tillåter användare att följa och kopiera framgångsrika handlare.
Soft cap	Det minsta beloppet som behöver samlas in under en ICO för att projektet ska fortsätta.
Soft fork	En uppgradering av en kryptovaluta som kan fortsätta att fungera på samma blockchain som tidigare.
Sovereign Coin	En typ av kryptovaluta som är utgiven av en regering eller en centralbank.

Stablecoin	En typ av kryptovaluta som är utformad för att ha en stabil prisnivå genom att vara kopplad till en annan tillgång, som till exempel USD eller guld.
Staking	Processen att hålla en kryptovaluta i en wallet för att hjälpa till att säkra nätverket och få belöningar.
Steganography	En teknik som används för att dölja data inuti en annan typ av data, till exempel att dölja en meddelandetext inuti en bildfil.
Supply	Det totala antalet kryptovalutor som finns i omlopp.
Tangle	En konsensusalgoritm som används på IOTA-nätverket för att validera transaktioner och skapa nya block.
Technical Analysis	En metod för att analysera prisrörelser på en kryptovaluta genom att studera historiska prisdata och tekniska indikatorer.

Tether	En kryptovaluta som är kopplad till värdet på den amerikanska dollarn.
Tezos	En blockchain-plattform som används för att skapa decentraliserade applikationer och smarta kontrakt.
Token	En digital tillgång som representerar en kryptovaluta eller annan tillgång på blockchain.
Token burn	En process där en del av de befintliga tokens eller kryptovalutor avsiktligt förstörs för att minska utbudet och öka värdet av återstående tokens.
Tokenization	En process som omvandlar en tillgång, som till exempel en fastighet eller en konstverk, till en digital token som kan handlas på en blockchain.
Trading Bot	Ett program som används för att automatisera handel på kryptovalutabörsen.

Trading pair	En kombination av två kryptovalutor som kan handlas mot varandra på en handelsplattform.
Trading Volume	Den totala mängden av en kryptovaluta som har köpts eller sålts på en börs under en given tidsperiod.
Transaction Fee	En avgift som tas ut för att genomföra en transaktion på en blockchain-nätverk.
Trust Wallet	En mobilapp som används för att hantera och lagra kryptovalutor.
Trustless	Principen om att tillit inte behövs för att utföra transaktioner på blockchain.
Turing Complete	En term som används för att beskriva en programmeringsspråk eller en dator som har kapacitet att lösa alla problem som kan lösas av en universell Turing-maskin.

Two Factor Authentication (2FA)	En säkerhetsmetod som kräver två separata autentiseringsfaktorer för att få åtkomst till en kryptovalutaplånbok eller en annan digital tjänst.
UASF (User Activated Soft Fork)	En typ av uppdatering på en blockchain som aktiveras av användarna snarare än av nodoperatörerna.
Unconfirmed transaction	En transaktion som har skickats till blockchain-nätverket men inte har verifierats av noderna än.
Undercollateral ization	En situation där värdet på en tillgång som används som säkerhet för en kryptolån är lägre än lånebeloppet.
Unicorn	Ett företag i kryptovärlden som har en värdering på över en miljard dollar.

Uniform Resource Identifier (URI)	En länk som används för att länka till en specifik resurs, till exempel en kryptovalutaplånbok.
Uniswap	En decentraliserad kryptovalutabörs byggd på Ethereum-nätverket som använder en automatiserad marknadsmodell för att fastställa priserna.
Unspent Transaction Output (UTXO)	En utgång från en transaktion som har inte använts ännu och som kan användas för att skapa nya transaktioner.
Unwinding	En term som används för att beskriva en process där en stor position på en kryptovaluta avvecklas gradvis för att minimera störningar på marknaden.
Upbit	En av de största kryptovalutabörserna i Sydkorea.

User Interface (UI)	Det grafiska gränssnittet på en plattform eller applikation som används för att interagera med en kryptovaluta eller en blockchain.
Utility token	En kryptovaluta som används som betalning för en viss tjänst eller produkt på en plattform.
Validator	En nod i blockchain-nätverket som används för att validera transaktioner och tillståndet av huvudboken.
Vanity Address	En offentlig adress på en kryptovalutaplånbok som är anpassad efter användarens önskemål och som kan innehålla vissa ord eller nummer.
Vault	En säkerhetsfunktion på kryptovalutaplånböcker som kräver flera steg av autentisering för att få åtkomst till kryptovalutan.
Venture Capital	Kapital som investeras i startups och tidiga företag, inklusive kryptovalutaföretag.

Verifiable Delay Function (VDF)	En kryptografisk teknik som används för att skapa en slumpmässig tidsfördröjning på en blockchain-nätverk.
View Key	En kryptografisk nyckel på en kryptovalutaplånbok som används för att visa transaktionshistorik och kontoöversikt utan att ge tillgång till att genomföra transaktioner.
Virtual Currency	Ett digitalt medium av utbyte som används för att köpa och sälja varor och tjänster online.
Virtual Machine	En datorprogram som simulerar en fysisk dator och som används för att köra smarta kontrakt på en blockchain.
Vitalik Buterin	En av grundarna av Ethereum-nätverket.
Volatility	Ett mått på hur mycket priset på en kryptovaluta fluktuerar över en viss tidsperiod.

Volume	Den totala mängden av en kryptovaluta som har köpts eller sålts på en börs under en given tidsperiod.
Vulnerability	En svaghet eller brist i säkerheten på en kryptovaluta eller en blockchain-nätverk som kan utnyttjas av hackare eller angripare.
Wallet	En programvara eller en enhet som används för att lagra och hantera kryptovalutor.
Wash Trading	En olaglig praxis där en person eller en enhet köper och säljer samma tillgång på en kryptovalutabörs för att skapa falska volymer.
Web 3.0	En vision för internet där användarna äger och kontrollerar sin egen data och där decentraliserade applikationer och smarta kontrakt är vanliga.

Whale	En användare som äger en stor mängd kryptovalutor och kan påverka marknadspriserna.
Whitepaper	En teknisk beskrivning av en kryptovaluta eller en blockchain-projekt som beskriver dess funktioner, egenskaper och mål.
Witness	En nod på en blockchain-nätverk som ansvarar för att validera transaktioner genom att tillhandahålla en digital signatur.
Wrapped Bitcoin (WBTC)	En kryptovaluta som representerar Bitcoin på Ethereum-nätverket.
Wrapped tokens	En metod för att representera en annan kryptovaluta på en annan blockchain-nätverk.
Wyckoff Method	En metod för att analysera prisrörelser på en kryptovaluta som använder volym och prisdata för att förutsäga marknadens riktning.

Yield farming	En process där användare stakar (låser) sina kryptovalutor för att få belöningar i form av nya tokens eller andra fördelar.
Zcash	Zcash är en decentraliserad och anonym kryptovaluta som lanserades 2016.

Kapitel 38: Länklista

Här är en lista med några viktiga länkar inom kryptovärlden:

Binance - En populär handelsplattform för kryptovalutor: https://www.binance.com

Bitcointalk - Ett populärt forum för diskussioner om kryptovalutor: https://bitcointalk.org

Bitcoin.org - Den officiella webbplatsen för Bitcoin, den första och mest kända kryptovalutan: https://bitcoin.org

Bitcoin Magazine - En webbplats som täcker nyheter och analyser för Bitcoin och andra kryptovalutor: https://bitcoinmagazine.com

Bitfinex - En annan kryptohandelsplattform som erbjuder många olika kryptovalutor: https://www.bitfinex.com

Bitstamp - En annan populär handelsplattform för Bitcoin och andra kryptovalutor: https://www.bitstamp.net

Blockchain.info - En webbplats som erbjuder blockchain-data och statistik för olika kryptovalutor: https://www.blockchain.com

BlockFi - En webbplats som erbjuder ränta på kryptovalutor och lån för kryptovalutor: https://blockfi.com/

Coinbase - En av de mest populära kryptohandelsplattformarna: https://www.coinbase.com

Coindera - En webbplats som erbjuder varningar och meddelanden för kryptomarknadspriser och volatilitet: https://www.coindera.com

Coindesk - En ledande nyhetswebbplats för kryptovalutor och blockkedjeteknik: https://www.coindesk.com

CoinDesk Research - En del av CoinDesk som erbjuder omfattande rapporter och forskning om kryptomarknaden: https://www.coindesk.com/research

CoinGecko - En webbplats som erbjuder kryptomarknadsdata, priser och grafer: https://www.coingecko.com

CoinMarketCap - En ledande webbplats för kryptomarknadsdata och priser: https://coinmarketcap.com

Cointelegraph - En annan ledande nyhetswebbplats inom kryptomarknaden: https://cointelegraph.com/

CryptoCompare - En annan webbplats som erbjuder omfattande kryptomarknadsdata och priser: https://www.cryptocompare.com/

Cryptonews - En nyhetswebbplats som täcker kryptomarknaden och blockkedjeteknik: https://cryptonews.com/

CryptoPanic - En webbplats som erbjuder en sammanfattning av kryptomarknadsnyheter från olika källor: https://cryptopanic.com/

CryptoSlate - En nyhetsplats som fokuserar på kryptomarknadsnyheter, priser och analyser: https://cryptoslate.com/

Ethereum - Den officiella webbplatsen för Ethereum, en av de mest populära kryptovalutorna: https://ethereum.org/

Investopedia - En webbplats som erbjuder utbildning och information om kryptomarknaden och andra finansiella ämnen: https://www.investopedia.com/

Kraken - En annan populär kryptohandelsplattform med fokus på säkerhet och pålitlighet: https://www.kraken.com/

Ledger - En av de mest populära kryptoplånbokstillverkare som erbjuder hårdvaru- och mjukvarulösningar: https://www.ledger.com/

LocalBitcoins - En peer-to-peer handelsplattform för Bitcoin och andra kryptovalutor: https://localbitcoins.com/

MyEtherWallet - En populär wallet för Ethereum och andra ERC-20 tokens: https://www.myetherwallet.com/

The Block - En annan kryptomarknadsnyhetswebbplats som täcker nyheter, priser och analyser: https://www.theblockcrypto.com/

Trezor - En annan populär kryptoplånbokstillverkare som erbjuder hårdvaru- och mjukvarulösningar: https://trezor.io/

WalletExplorer - En webbplats som visar transaktionshistoriken för olika kryptovalutaadresser: https://www.walletexplorer.com/

Fyra steg-för-steg-guider

1. Det här är NFT

Vad är NFT?

NFT (Non-Fungible Token) är en typ av digitalt tillgång som tillåter dig att bevisa ägarskap och autenticitet av en enda digital tillgång, såsom bilder, videos, musik eller annat digitalt innehåll. Till skillnad från kryptovalutor som Bitcoin eller Ethereum, är NFT unika tillgångar som inte kan utbytas 1:1. NFT fungerar på blockkedjeteknik, vilket gör dem transparenta och säkra att handla med.

Steg 1: Skaffa en digital tillgång

För att kunna skapa en NFT behöver du först skaffa en digital tillgång som du vill sälja, exempelvis ett digitalt konstverk, så som en bild, målning eller annan skapelse.

Steg 2: Skapa en egen NFT

Du kan skapa en NFT genom att använda en NFT-marknadsplats som OpenSea, Rarible eller SuperRare. Dessa plattformar gör det enkelt att skapa och sälja NFT. För att skapa en NFT behöver du ladda upp din digitala tillgång, skapa en beskrivning av den och välja vilken blockchain du vill använda för att skapa din NFT. Exempel på NFT är något du skapat digitalt, exempelvis en bild i Photoshop.

Steg 3: Sälj din NFT

När du har skapat din NFT kan du sälja den på NFT-marknadsplatserna eller på andra onlineplattformar, som sociala medier eller auktionssajter. För att sälja din NFT behöver du ange ett pris och en auktionstid på NFT-marknadsplatsen eller på plattformen där du säljer den.

Steg 4: Tjäna pengar på din NFT

När din NFT har sålts tjänar du pengar på skillnaden mellan inköpspriset och försäljningspriset. Om du har skapat konstverket eller digitala tillgången själv kan du också tjäna pengar på royalty-avgifter varje gång din NFT säljs vidare i framtiden.

Tips!

För att skapa en framgångsrik NFT behöver du ha en unik och eftertraktad digital tillgång (NFT). Det kan också hjälpa att ha ett etablerat varumärke eller nätverk inom branschen. Var noga med att läsa på om de olika NFT-marknadsplatserna och plattformarna innan du väljer var du ska sälja din NFT. Ha realistiska förväntningar på vad du kan tjäna på din NFT. Priserna på NFT kan variera mycket och det är svårt att förutsäga hur mycket en NFT kan säljas för. Tänk på att NFT-marknaden är ny och volatil, vilket innebär att det finns en risk att priset på NFT kan minska eller öka på kort tid.

Nedan följer en lista över några av de dyraste NFT som hittills har sålts:

"Everydays: The First 5000 Days" av Beeple - såldes för 69,3 miljoner USD i mars 2021 på auktion hos Christie's.

"CryptoPunk # 3100" - såldes för 7,57 miljoner USD i maj 2021 på auktion hos Sotheby's.

"CryptoPunk # 7804" - såldes för 7,58 miljoner USD i juni 2021 på auktion hos Christie's.

"CryptoPunk # 6965" - såldes för 5,4 miljoner USD i augusti 2021 på auktion hos Sotheby's.

"The Fungible Collection" av Pak - såldes för 2,82 miljoner USD i april 2021 på auktion hos Sotheby's.

OpenSea - Online-marknadsplats för handel med kryptovaluta-baserade digitala tillgångar, inklusive icke-fungibla tokens

(NFTs). Plattformen lanserades 2018 och har sedan dess blivit en av de mest populära NFT-marknadsplatserna på internet. OpenSea gör det möjligt för användare att köpa och sälja en mängd olika digitala tillgångar, från konstverk och musik till spelkort och virtuella landområden. Dessa tillgångar är baserade på blockchain-teknik, vilket ger dem en säkerhet och äkthet som inte kan dupliceras.

En av de unika funktionerna hos OpenSea är möjligheten för användare att skapa sina egna NFTs och lista dem till försäljning på plattformen. Detta gör det möjligt för kreatörer och konstnärer att monetarisera sin digitala konst på ett sätt som tidigare inte var möjligt. OpenSea har också integrerat stöd för flera blockchain-protokoll, inklusive Ethereum, Polygon, och Klaytn, vilket gör det möjligt för användare att köpa och sälja NFTs från en mängd olika kryptokurrency-nätverk.

Som en av de ledande plattformarna för NFT-handel har OpenSea varit värd för många spektakulära försäljningar av digital konst och andra tillgångar, inklusive en NFT av Twitter-VD:n Jack Dorseys första tweet, som såldes för mer än 2,9 miljoner dollar.

2. Din första kryptoplånbok

Här är en steg-för-steg-guide för att skapa en fristående kryptoplånbok eller hårdvarubaserad:

Steg 1: Välj en pålitlig kryptoplånbok

Det finns många olika typer av kryptoplånböcker tillgängliga, från online-tjänster till fysiska enheter. Det är viktigt att välja en pålitlig kryptoplånbok som har en god säkerhetsnivå. Här är några populära alternativ:

Ledger Nano S (hårdvara): En fysisk enhet som lagrar dina kryptotillgångar offline.

Trezor (hårdvara): En annan populär fysisk enhet som lagrar dina kryptotillgångar offline.

MetaMask (mjukvara): En webbläsarutökning som fungerar som en kryptoplånbok och stöder Ethereum-baserade tillgångar.

Steg 2: Skapa ett konto

Beroende på vilken kryptoplånbok du väljer kommer du att behöva skapa ett konto. Följ instruktionerna på webbplatsen eller enheten för att skapa ett konto.

Steg 3: Säkerhetsåtgärder

Innan du kan börja använda din kryptoplånbok måste du ta några säkerhetsåtgärder. De inkluderar:

1. Skapa en stark lösenord: Skapa en lösenord som innehåller både siffror och bokstäver och är minst 12 tecken långt.

2. Skriv ned eller spara dina säkerhetsfraser: Vissa kryptoplånböcker använder säkerhetsfraser för att återställa kontot om du glömmer ditt lösenord. Skriv ned dessa säkerhetsfraser och förvara dem på en säker plats, helst utanför ditt hem.

3. Aktivera tvåfaktorsautentisering: Många kryptoplånböcker stöder tvåfaktorsautentisering, vilket lägger till en extra lager av säkerhet för ditt konto. Aktivera den här funktionen om den är tillgänglig.

Steg 4: Skapa en plånboksadress

När du har skapat ditt konto kommer du att få en kryptoplånboksadress. Detta är en unik kod som du kan använda för att ta emot kryptovalutor. Kopiera plånboksadressen och spara den på en säker plats.

Steg 5: Skicka och ta emot kryptovalutor

Nu är din kryptoplånbok redo att användas! Du kan använda din plånboksadress för att ta emot kryptovalutor från andra användare. Du kan också skicka kryptovalutor till andra användare genom att ange deras plånboksadress i din kryptoplånbok.

OBS: Innan du börjar skicka eller ta emot kryptovalutor, se till att du förstår hur det fungerar och läser igenom all relevant dokumentation från din kryptoplånbok för att säkerställa att du hanterar dina tillgångar på ett säkert sätt.

3. Kom igång med MetaMask

Här är en guide som beskriver vad MetaMask är och hur du kan använda den:

MetaMask är en webbläsartillägg som fungerar som en kryptoplånbok för Ethereum-baserade tillgångar. Det gör det möjligt för användare att interagera med Ethereum-nätverket utan att behöva ladda ner en separat plånboksapplikation.

Hur fungerar MetaMask?

MetaMask fungerar genom att lagra dina privata nycklar på din dator och sedan använda dem för att signera transaktioner när du skickar eller tar emot Ethereum-tillgångar. När du använder MetaMask kan du skicka och ta emot Ethereum-tillgångar direkt från din webbläsare.

Hur man använder MetaMask:

Steg 1: Ladda ner MetaMask

Du kan ladda ner MetaMask-tillägget från Chrome Web Store eller Firefox Add-ons-sida. Installera tillägget och följ instruktionerna på skärmen för att skapa ett konto.

Steg 2: Säkerhetsåtgärder

När du har skapat ditt konto är det viktigt att vidta vissa säkerhetsåtgärder för att skydda dina tillgångar. Det inkluderar att skapa en stark lösenord och säkerhetsfras och aktivera tvåfaktorsautentisering.

Steg 3: Importera befintlig plånbok

Om du redan har en befintlig Ethereum-plånbok kan du importera den till MetaMask genom att klicka på "Import Wallet" och följa instruktionerna.

Steg 4: Ta emot Ethereum-tillgångar

När du har skapat eller importerat din plånbok kan du ta emot Ethereum-tillgångar genom att klicka på "Receive" -knappen och kopiera din plånboksadress. Skicka den här adressen till personen som ska skicka dig Ethereum-tillgångar.

Steg 5: Skicka Ethereum-tillgångar

Du kan skicka Ethereum-tillgångar genom att klicka på "Send"
-knappen och fylla i mottagarens adress, beloppet som ska skickas och
eventuellt en meddelande. Kontrollera att all information är korrekt och
klicka sedan på "Confirm" för att genomföra transaktionen.

*Sammanfattningsvis är MetaMask en användarvänlig och bekväm
kryptoplånbok som gör det möjligt för användare att skicka och ta emot
Ethereum-tillgångar direkt från sin webbläsare. Genom att följa dessa
steg kan du enkelt skapa ett konto och börja använda MetaMask för
dina Ethereum-tillgångar.*

Här är några avancerade tips om MetaMask:

1. Skapa flera konton:

MetaMask tillåter dig att skapa flera konton inom samma plånbok.
Detta kan vara användbart om du vill organisera dina tillgångar eller
hålla vissa tillgångar separat från andra. För att skapa ett nytt konto,
klicka på "Create Account" i MetaMask och följ instruktionerna.

2. Använd anpassade gasavgifter:

När du skickar en Ethereum-transaktion måste du betala en gasavgift. Gasavgiften bestämmer hur snabbt transaktionen kommer att bekräftas av nätverket. MetaMask har en inbyggd funktion för att justera gasavgiften baserat på hur snabbt du vill att transaktionen ska behandlas. Du kan också använda en anpassad gasavgift för att betala en högre eller lägre avgift beroende på dina behov.

3. Importera anpassade tokens:

MetaMask stöder inte alla Ethereum-baserade tokens som finns tillgängliga på marknaden. Men du kan importera anpassade tokens till MetaMask genom att klicka på "Add Token" och fylla i tokenadressen, tokennamnet och tokenens decimaler.

4. Säkerhetskopiera din plånbok:

Det är viktigt att säkerhetskopiera din MetaMask-plånbok regelbundet för att skydda dina tillgångar. Du kan enkelt säkerhetskopiera din plånbok genom att klicka på "Account Details" och sedan "Export Private Key". Skriv ner eller spara dina privata nycklar på en säker plats, helst utanför din dator.

5. Använd MetaMask för decentraliserade applikationer (dApps):

MetaMask kan användas för att interagera med Ethereum-baserade decentraliserade applikationer (dApps). När du besöker en dApp kommer du att bli ombedd att ansluta till din MetaMask-plånbok för att kunna interagera med applikationen. Se till att du litar på dAppen och att den är säker innan du ansluter till din MetaMask-plånbok.

6. Använd MetaMask i kombination med andra verktyg:

MetaMask kan integreras med andra verktyg och plattformar för att öka dess funktionalitet. Till exempel kan du använda MetaMask tillsammans med DEX-plattformar (decentraliserade utbyten) som Uniswap eller SushiSwap för att handla Ethereum-baserade tokens direkt från din MetaMask-plånbok.

7. Använd Metamask med Binance BSC

Här är hur MetaMask fungerar med Binance:

1. Anslutning till Binance: För att använda MetaMask med Binance behöver du ansluta MetaMask-plånboken till Binance-kontot genom att kopiera adressen från din MetaMask-plånbok och lägga till den i ditt Binance-konto.

2. Insättningar och uttag: När du har anslutit din MetaMask-plånbok till ditt Binance-konto kan du använda den för att göra insättningar och uttag av kryptovalutor på Binance-plattformen.

3. Köp och försäljning: För att köpa eller sälja kryptovalutor på Binance kan du använda dina kryptovalutor som är lagrade i din MetaMask-plånbok. För att göra detta måste du skicka dina kryptovalutor från MetaMask-plånboken till ditt Binance-konto och sedan genomföra dina transaktioner på Binance-plattformen.

4. Skapa dina egna tokens/kryptomynt

Att skapa ditt eget kryptomynt kan vara en komplex process, men här är några allmänna steg som du kan följa:

Steg 1: Bestäm kryptomyntets specifikationer

Innan du börjar skapa ditt kryptomynt är det viktigt att bestämma dess specifikationer. Det inkluderar till exempel vilken kryptografisk algoritm som ska användas, hur många mynt som ska skapas, vilken blockbelöning som ska användas och andra tekniska parametrar. Detta kräver en viss teknisk expertis och efterforskning, så se till att du har en god förståelse för kryptografiska tekniker och kryptomynt innan du fortsätter.

Steg 2: Välj en lämplig blockkedjeteknik

Det finns olika blockkedjetekniker som du kan välja mellan för att skapa ditt kryptomynt. De två vanligaste teknikerna är att skapa en egen blockchain eller att bygga på en befintlig blockchain som Ethereum eller Bitcoin. Beroende på dina specifikationer kan en teknik vara bättre lämpad än en annan.

Steg 3: Skapa en plånbok för ditt kryptomynt

Du behöver skapa en plånbok som kan hantera ditt kryptomynt. Detta kan göras genom att anpassa en befintlig plånboksapplikation eller genom att skapa en egen plånboksapplikation.

Steg 4: Skapa och publicera koden

Skapa koden för ditt kryptomynt och publicera den på en plattform som GitHub eller Bitbucket. Se till att koden är tillräckligt robust och säker innan du publicerar den.

Steg 5: Testa och validera kryptomyntet

Innan du lanserar ditt kryptomynt behöver du testa det för att säkerställa att det fungerar korrekt. Detta inkluderar att testa transaktioner, säkerhet och prestanda.

Steg 6: Lansera ditt kryptomynt

När du har testat och validerat ditt kryptomynt kan du lansera det på marknaden. Detta inkluderar att lista det på kryptobörser, marknadsföra det till potentiella användare och utveckla en gemenskap av stödjande användare.

Det är viktigt att notera att skapandet av ett kryptomynt är en komplex process som kräver mycket teknisk expertis och efterforskning. Se till att du har tillräckliga resurser och kompetens innan du börjar skapa ditt kryptomynt.

Skapa en token;

Här är en steg-för-steg-guide för att skapa en enkel token:

Steg 1: Välj en plattform

För att skapa en token behöver du använda en blockchain-plattform som stöder skapandet av tokens. De två mest populära plattformarna är Ethereum och Binance Smart Chain. Båda dessa plattformar gör det möjligt att skapa en token på några enkla steg.

Steg 2: Skapa en plånbok

Du behöver skapa en plånbok för att kunna hantera dina tokens. Du kan skapa en plånbok genom att använda en befintlig plånboksapplikation som MetaMask eller Trust Wallet.

Steg 3: Använd en token-generator

Det finns flera token-generatorer tillgängliga online som kan hjälpa dig att skapa en token på några enkla steg. Till exempel kan du använda en token-generator som TokenFactory eller MyWish.

Steg 4: Anpassa din token

När du har skapat din token kan du anpassa den genom att lägga till token-symbol, token-namn, decimaler och andra parametrar.

Steg 5: Publicera din token

När du har anpassat din token kan du publicera den på en blockchain genom att skicka en transaktion. Detta kräver en viss mängd kryptovaluta som används för att betala transaktionsavgifter.

Steg 6: Lista din token på en kryptobörs

När din token är publicerad på en blockchain kan du lista den på en kryptobörs för att göra den tillgänglig för handel. Detta kan öka den tokens värde och popularitet.

Sammanfattning

I denna nästan heltäckande bok om krypto har du lärt dig allt du behöver veta för att komma igång med kryptovalutor och blockkedjeteknik. Du har fått en grundlig förståelse för hur kryptovalutor fungerar, hur man väljer rätt handelsplats, hur man hanterar kryptoplånböcker och hur man undviker bedrägerier och fällor. Du har också lärt dig lite om teknisk analys, skatt på krypto, framtiden för kryptovalutor och Web 3.0. Boken har också inkluderat fyra steg-för-steg-guider som hjälper dig att komma igång med NFT, kryptoplånböcker, Meta-Mask och skapandet av din egen token/mynt.

Som avslutande tips och råd är det viktigt att alltid göra din egen efterforskning, lära dig om olika kryptovalutor och blockkedjeprojekt och inte investera mer än du har råd att förlora. Kryptovalutor är fortfarande en relativt ny teknik och det finns alltid risker och osäkerheter. Men med rätt kunskap kan du också ha möjlighet att dra nytta av de många fördelarna med kryptovalutor och blockkedjeteknik. Tänk också på att kryptomarknaden är ung och det rör på sig väldigt fort. Att krypto och blockkedjeteknik är här för att stanna kan vi vara helt säkra på. Krypto i kombination med AI kan bli en spännande framtid. Läs gärna min nästkommande bok om AI